※本書は2013年発行の
『四国別格二十霊場　札所めぐりルートガイド
～八十八ヵ所と共に巡るお遍路～』
の改訂版です。

四国札所図

別格二十霊場
三十六不動霊場
八十八ヵ所霊場

伊予・愛媛県
四国別格二十霊場　9ヵ寺
四国三十六不動霊場　10ヵ寺
四国八十八ヵ寺霊場　26ヵ寺

讃岐・香川県
四国別格二十霊場　4ヵ寺
四国三十六不動霊場　9ヵ寺
四国八十八ヵ寺霊場　23ヵ寺

阿波・徳島県
四国別格二十霊場　6ヵ寺
四国三十六不動霊場　14ヵ寺
四国八十八ヵ寺霊場　23ヵ寺

土佐・高知県
四国別格二十霊場　1ヵ寺
四国三十六不動霊場　3ヵ寺
四国八十八ヵ寺霊場　16ヵ寺

西瀬戸尾道IC
西瀬戸自動車道（しまなみ海道）
観音寺69
神恵院68
延命寺54
泰山寺56
栄福寺57
仙遊寺58
南光坊55
国分寺59
21満願寺
興隆寺10
光林寺20
興隆寺22
宝寿寺19
圓明寺53
太山寺52
生木地蔵11
石手寺51
繁多寺50
浄土寺49
香園寺61
横峰寺60
48西林寺
宝寿寺62
吉祥寺63
前神寺64
23極楽寺
隆徳寺24
延命寺12
眠寿院25
三角寺65
26仙龍寺
13仙龍寺
宗安禅寺17
極楽寺16
清瀧寺35
浄土寺18
47八坂寺
46浄瑠璃寺
文殊院9
44大寶寺
45岩屋寺
出石寺7
8十夜ヶ橋
愛媛県
33雪蹊寺
34種間寺
36青龍寺
大善寺5
明石寺43
42仏木寺
41龍光寺
6龍光院
高知県
観自在寺40
延光寺39
37岩本寺
足摺岬
38金剛福寺
今治北I.C
今治I.C
今治湯ノ浦I.C
東予丹原I.C
伊予小松北I.C
伊予小松I.C
いよ西条I.C
新居浜I.C
土居I.C
三島川之江I.C
新宮I.C
大野原I.C
高知I.C
伊野I.C
土佐I.C
須崎東I.C
川内I.C
松山I.C
伊予I.C
内子五十崎I.C
大洲I.C
大洲北只I.C
西予宇和I.C
三間I.C
宇和島北I.C
宇和島南I.C
津島高田I.C
196
11
194
33
56
380
197
381
321

遍路に出かける前の心構え

弘法大師と同行二人の旅

四国では白衣を着て金剛杖を持つと「同行二人」、真言宗の開祖・弘法大師と共に巡拝する修行者になります。難所を越える時も、宿に泊まる時も、車で移動する時も、いつ何時も大師は遍路と共にいます。四国霊場を巡拝することを「遍路」といい、遍路とは大師の威徳を偲び、修行の足跡をたどる旅でもあります。

遍路を迎える四国の人々にも、同行二人は特別な意味を持ちます。弘法大師が今も修行者の姿をして四国を巡錫しているといわれ、巡り来る遍路に寄り添う大師に手を合わせているのです。道中では温かいもてなしを受け、優しい言葉をかけられます。小学生から励ましの言葉や笑顔をもらい元気になります。そのようなお金のかからない施しのことを「無財の七施」といいます。

無財の七施

一、**慈眼施**【じげんせ】
優しい眼差しで人に接する

二、**和顔施**【わがんせ】
にこやかな顔で接する

三、**言辞施**【ごんじせ】
思いやりのある言葉で接する

四、**捨身施**【しゃしんせ】
自分の体を使って奉仕する

五、**心慮施**【しんりょぜ】
他人を思いやる心を持つ

六、**床座施**【しょうざぜ】
席や場所、順番を譲る

七、**房舎施**【ぼうしゃぜ】
見知らぬ人に宿を提供する

遍路道中だけでなく、普段の生活の中でもお互いが心がけたいものです。そうすれば、お互いの関係も良くなり共に幸せになるでしょう。

その遍路修行の精神として重要なのが「十善戒」と「三信条」。十善戒は、十の良い行いをするための戒めで、最初の1～3までが「身」つまり行動に関しての戒めです。次の4～7までが「語」つまり言葉遣いに関して、最後の8～10が「意」つまり心のありようについての戒めになっています。四国を巡拝する時、できることから無財の七施や十善戒を守るように努力していけば、自分も幸福になり、まわりの環境、対人関係なども良くなるといいます。

十善戒《じゅうぜんかい》

一、**不殺生**【ふせっしょう】
殺傷するなかれ「あらゆる生命の尊重」

二、**不偸盗**【ふちゅうとう】
盗むことなかれ「他人の物も大事にしよう」

三、**不邪婬**【ふじゃいん】
姦淫することなかれ「お互いを尊重しあおう」

四、**不妄語**【ふもうご】
偽ることなかれ「正直に話そう」

五、**不綺語**【ふきご】
虚飾の言葉を言うことなかれ「本当の言葉で話そう」

六、**不悪口**【ふあっく】
悪口や陰口を言うことなかれ「相手を称えることを言おう」

七、**不両舌**【ふりょうぜつ】
二枚舌を使うことなかれ「思いやりの言葉を使おう」

八、**不慳貪**【ふけんどん】
貪ることなかれ「惜しみなく施しをしよう」

九、**不瞋恚**【ふしんに】
怒ることなかれ「優しい気分で暮らそう」

十、**不邪見**【ふじゃけん】
邪心を起こすことなかれ「平穏な心で過ごそう」

三信条《さんしんじょう》

一、**摂取不捨《せっしゅふしゃ》のご誓願《せいがん》を信じ、同行二人の信仰に励みましょう**

弘法大師が高野山万燈会の願文で「この世がなくなり、悩みや苦しみを持つ人が一人も居なくなるまで、救い尽くすであろうと」述べられています。大師が常に巡拝者を見守ってくださることを信じて、「同行二人」の心で巡拝することが肝心。他の巡拝者も同様であるから、出会ったら互いに合掌し合うのがマナーです。

二、**何事も修行と心得て、愚痴《ぐち》・妄言《もうげん》をつつしみましょう**

遍路は、日常全ての行動が修行に通じる。自分の思いや考え方と違い、道中で、札所で、宿で、些細なことで怒り、自らを損なうことは多くあります。十善戒にも説かれていますが、巡拝中に起こったことは自らに与えられた試練・修行だと思い心を安らかにして、愚痴や虚言を言わないこと。とりあえず、受け入れてみましょう。

三、**現世利益《げんぜりやく》の霊験《れいげん》を信じ、八十八使《し》の煩悩《ぼんのう》を消滅《しょうめつ》しましょう**

現世利益とは、神仏の恩恵や信仰の功徳が、現世における願望の現実として達成される「仏の恵み」のことです。家内安全、病気平癒、五穀豊穣、安産祈願など衆生の願望が祈られています。仏の恵みがあることを信じ、札所を巡拝することで八十八の煩悩をひとつずつ消し去っていきましょう。

参拝の作法

一、山門

山門に入る前に、お参りの身なりを整えて輪袈裟や念珠などを準備する。菅笠以外の帽子は脱ぎ、門前にて合掌し一礼。金剛杖を持っている場合は、片手合掌でもよい。仁王門の場合は、左右の仁王像にそれぞれ一礼する。左側を通り、山門をくぐる。

二、手水舎

参拝の前に手と口を清める。金剛杖を杖置き場に置く。右手にひしゃくを持ち水を汲み、左手を洗う。ひしゃくを持ち替えて、同じように右手を洗う。もう一度汲んだ新鮮な水を左手に受けて口をすすぐ。ひしゃくに直接口をつけない。ひしゃくを立てて残り水で柄を浄める。手水鉢の中に使用した水を流さない。

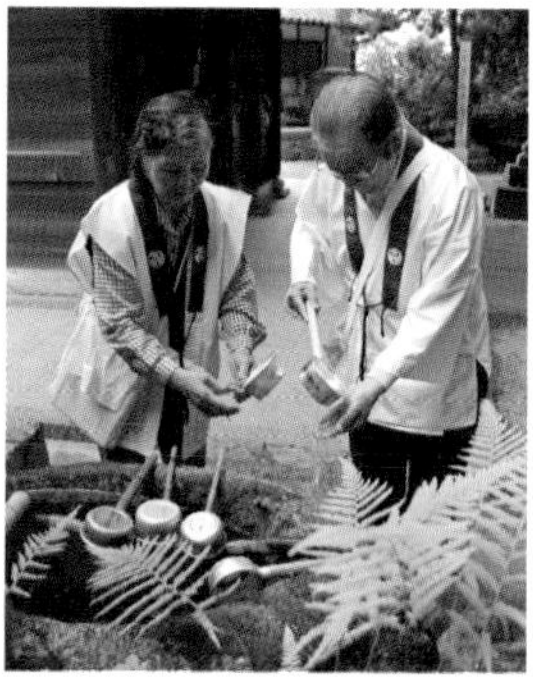

三、鐘楼

感謝の気持ちで優しく1回撞く。鐘を撞いてはいけない寺、時間帯がある。賽銭箱がある鐘楼には賽銭を納める。参拝後に撞くのは縁起が良くないとされている。

四、本堂

ロウソクは、仏様の知恵の光明。1本、上段から立てる。線香は、仏様を香でもてなし徳をいただく。3本、中央から立てる。鰐口の緒を振って1回鳴らす。納札を納札箱に入れる。写経を持参した場合は写経箱へ。供物料としてお賽銭を静かに入れる。遠くから投げ入れないようにする。

五、合掌礼拝・読経

数珠を右手にかけて合掌し三礼。後から来た参拝者の邪魔にならない場所で、経本を手にして唱える。

六、大師堂

七、諸堂

本堂と同じようにロウソク、線香、賽銭、納札や写経を納めて読経。御本尊真言は省く。

八、納経所

すべての参拝が済んだら、納経所で墨書・朱印をいただく。納経帳は日光に直接当てない、自然乾燥が一番。ドライヤーの熱風で乾かすのも良くない。

九、山門

山門を出ると振り返り、菅笠以外の帽子は脱いで境内へ向かい「ありがとうございました」と合掌し次の札所へ向かう。

境内や道中での作法

一、境内の通行

山門、石段、参道も全て左側を歩きます。真中は弘法大師や皇族の通られる道です。納札箱や賽銭箱は一段高い場所にありますが、左から上がって納め、時計回りに下りるのが基本です。

二、金剛杖

橋の上では杖をつかないのが約束で、これは弘法大師が十夜ヶ橋の下で宿をとったのが由来。頭部にある五輪(地水火風空)部分は大日如来の三昧耶形、お姿でもあるので、この部分は俗身にふれないよう白布や金襴で巻きます。皆同じ金剛杖なので、自分の杖には名前や目印を付けて間違いのないように気をつけます。

三、お参りの順

灯明をあげ、線香をつけ、納札と賽銭を納め読経を行ないます。お勤めをする場合は右か左に寄り、迷惑にならない場所で行ないます。賽銭箱の前でお祈りをすると、後から来られたお遍路さんの妨げになります。

四、念珠の持ち方

念珠は首にかけない、左手で二匠にして持ち歩きます。

五、読経

2人以上で読経する場合、先達の指導がある場合は、全員が声を揃えることに努めます。

六、賽銭

事前に用意しておきます。投げ入れるのではなく、ご本尊様やお大師様にお受けいただく、感謝の気持ちで賽銭箱に入れます。

七、納札

お遍路さん同士の名刺代わりとして交換できます。住所、氏名、巡拝回数などを記入し、納札箱に入れます。

八、納経所での御宝印

納経帳はご朱印をいただく頁を開けるようにと言われる札所もあります。閉じたまま渡す場合は、ご朱印をいただく頁に吸取り紙をはさむと納経師の方も開き易いでしょう。札所の方針でドライヤーの代わりにウチワを置いている納経所もあります。

九、出会い

貴重な情報交換の場です。時間があれば、納札を交換し、ゆっくり話し合う時間をとることも修行のひとつです。通りすがりであれば、軽く会釈して、合掌すれ違います(杖を持っている場合は、片手のみでも)。上り坂のきつい参道などでは「あと少しですよ」、「頑張って」と声を掛け合います。沿道の小中学生から「おはようございます」と明るく声を掛けられるので、負けずに元気よく挨拶しましょう。

十、トイレ

長い道中、必ずトイレがあるとは限らない。トイレがある場所では、必要がなくても利用するように心がけます。輪袈裟、納経帳、数珠などは持ち込まないようにします。ご本尊さまやお大師さまを不浄にお連れすることになります。

十一、駐車料金

有料と無料があります。無人有料駐車場の場合は、備え付けの箱に料金を入れます。納経所に料金入れが備え付けられていたり、納経料と一緒に支払う札所もあります。

十二、お接待

有り難くいただき、「南無大師遍照金剛」と三回お唱えして、その人の幸せを祈り納札を渡します。お接待は、お断りしないのが決まりです。有り難く受けることで、接待をした人も喜ばれるからです。

十三、ゴミ

持ち帰るか道中で適切に処理します。許可を得て、コンビニやスーパーの入口にある分別ゴミ入れに捨てましょう。

十四、通夜堂

必ず札所の使用許可が必要です。火気の使用は厳禁です。出立の前は、室内や境内の掃除をして感謝の気持ちを現わします。

読経の作法

本堂・大師堂、諸堂の正面を避けて、左右の空いている場所で四国巡拝佛前勤行次第に従い、お勤めを行う。

一、合掌礼拝《がっしょうらいはい》

数珠を片手にかけ、合掌し三礼「うやうやしく、み仏を礼拝したてまつる」と唱える

二、開経偈　かいぎょうげ　1回

無上甚深微妙法《むじょうじんじんみみょうほう》
百千萬劫難遭遇《ひゃくせんまんごうなんそうぐう》
我今見聞得受持《がこんけんもんとくじゅじ》
願解如来真實義《がんげにょらいしんじつぎ》

三、懺悔文　さんげもん　1回

我昔所造諸悪業《がしゃくしょぞうしょあくごう》
皆由無始貧瞋痴《かいゆむしとんじんち》
従身語意之所生《じゅうしんごいししょしょう》
一切我今皆懺悔《いっさいがこんかいさんげ》

四、三帰依文　さんきえもん

三帰　さんき　3回

弟子某甲《でしむこう》　尽未来際《じんみらいさい》
帰依仏《きえぶつ》　帰依法《きえほう》
帰依僧《きえそう》

三竟　さんきょう　3回

弟子某甲《でしむこう》　尽未来際《じんみらいさい》
帰依仏竟《きえぶっきょう》　帰依法竟《きえほうきょう》
帰依僧竟《きえそうきょう》

五、十善戒《じゅうぜんかい》　3回

弟子某甲《でしむこう》　尽未来際《じんみらいさい》
不殺生《ふせっしょう》　不偸盗《ふちゅうとう》
不邪婬《ふじゃいん》　不妄語《ふもうご》
不綺語《ふきご》　不悪口《ふあっく》
不両舌《ふりょうぜつ》　不慳貪《ふけんどん》
不瞋恚《ふしんに》　不邪見《ふじゃけん》

六、発菩提心真言《ほつぼだいしんしんごん》　3回

おんぼうぢ　しった
ぼだはだやみ

七、三昧耶戒真言《さんまやかいしんごん》　3回

おん　さんまや
さとばん

八、般若心経《はんにゃしんぎょう》　1回

佛説摩訶般若波羅蜜多心経《ぶっせつまーかーはんにゃーはーらーみーたーしんぎょう》
観自在菩薩《かんじざいぼうさ》。行深般若《ぎょうじんはんにゃ》
波羅蜜多時《はらみたじ》。照見五蘊《しょうけんごうん》
皆空度《かいくうど》。一切苦厄《いっさいくやく》舎利子《しゃりし》。
色不異空《しきふいくう》。空不異色《くうふいしき》。
色即是空《しきそくぜくう》。空即是色《くうそくぜしき》。
受想行識《じゅそうぎょうしき》。亦復如是《やくぶにょぜ》。
舎利子《しゃりし》。是諸法空相《ぜしょほうくうそう》。
不生不滅《ふしょうふめつ》。不垢不浄《ふくふじょう》。
不増不減《ふぞうふげん》。是故空中《ぜこくうちゅう》。
無色無受想行識《むしきむじゅそうぎょうしき》。無眼《むげん》
耳鼻舌身意《にびぜつしんに》。無色聲香《むしきしょうこう》
味觸法《みそくほう》。無眼界乃至《むげんかいないし》。
無意識界《むいしきかい》。無無明亦《むむみょうやく》。
無無明盡《むむみょうじん》。乃至無老死《ないしむろうし》。
亦無老死盡《やくむろうしじん》。無苦集滅《むくしゅうめつ》
道《どう》。無智亦《むちやく》。無得以無《むとくいむ》
所得故《しょとっこ》。菩提薩埵依《ぼだいさつたえ》。
般若波羅蜜多故《はんにゃはらみたこ》。
心無罣礙《しんむけげ》。無罣礙故《むけげこ》。
無有恐怖《むうくふ》。遠離一切《おんりいっさい》。
顛倒夢想《てんどうむそう》。究竟涅槃《くぎょうねはん》。
三世諸仏依《さんぜしょぶつえ》。般若波羅《はんにゃはら》
蜜多《みた》。故得阿耨多羅《ことくあのくたら》。
三藐三菩提《さんみゃくさんぼだい》。故知般《こちはん》
若波羅蜜多《にゃはらみた》。是大《ぜだい》
神呪《じんしゅ》。是大明呪《ぜだいみょうしゅ》。
是無上呪《ぜむじょうしゅ》。是無等等《ぜむとうどう》
呪《しゅ》。能除一切苦《のうじょいっさいく》。真實不《しんじつふ》
虚《こ》。故説般若波羅《こせつはんにゃはら》
蜜多呪《みたしゅ》。即説呪曰《そくせつしゅわつ》。
羯諦羯諦《ぎゃていぎゃてい》。波羅羯諦《はらぎゃてい》。
波羅僧羯諦《はらそうぎゃてい》。菩提《ぼうぢ》
薩婆訶《そわか》。般若心経《はんにゃしんぎょう》。

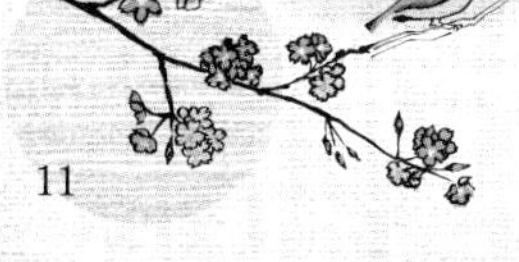

九、本尊真言《ほんぞんしんごん》　3回

各霊場の本尊真言を唱える

十、光明真言《こうみょうしんごん》　3回

おん　あぼきゃ

べいろしゃのう

まかぼだら　まに

はんどま　じんばら

はらばりたや　うん

十一、御宝号《ごほうごう》　3回

南無大師遍照金剛《なむだいしへんじょうこんごう》

十二、回向文《えこうもん》　1回

願わくは

この功徳をもって

あまねく一切に及ぼし

われらと衆生と

みなともに仏道を

成ぜん

十三、合掌三礼《がっしょうさんれい》

「ありがとうございます」

と合掌し、3回礼をする。

大師堂での勤行は、弘法大師が本尊なので上記次第の本尊真言を省略します。

読経は通常真言宗の作法に従いますが、先達さんや宗派によりそれぞれです。決まったものではなく、こだわる必要はありません。

巡拝用品

白衣 びゃくえ

巡礼する時に着用する白い行衣。袖つきと袖なし（笈摺）がある。背中に「南無大師遍照金剛」と御宝号が書かれている。白衣にご朱印を受ける場合は、道中衣とご朱印をいただく判衣の2着が必要。判衣は洗わないので丁寧に扱い、冥土へ旅立つ晴れ着ともされる。納経所では、受印の部分が表に出るように渡す。

- ●白衣道中衣1,995円～
- ●白衣判衣2,625円～
- ●笈摺1,470円～

金剛杖 こんごうづえ

弘法大師の化身ともされる道具。杖の上部は五輪塔（地水火風空）をかたどり、大日如来の三昧耶形（仏のシンボル、誓いや教えを物の形で示したもの）。お姿でもあるので、この部分は杖カバーや金襴で巻いて直接握ってはならない。四方に書かれた梵字は四方門と同時に四国道場を表している。梵字の下には南無大師遍照金剛同行二人と書く。昔は行き倒れた遍路を埋葬する際の卒塔婆としても使用した。結願を迎える頃には、9センチほど短くなるといわれる。

- ● 1,200円～

ロウソク・線香

ロウソクの明るさが「仏の智慧」を表し、熱が「仏の慈悲」を表す。お香の煙は仏の食べ物を意味し、煩悩を消し去り心を清浄にする。読経の前、本堂と大師堂に供える。

●ロウソク100円・　線香100円

菅笠 すげがさ

丸い形の菅笠は宇宙を象徴する大日如来を表しているといわれ、風雨をしのぎ、日除けにもなる。天蓋であり笠をかぶったまま礼拝し、お堂の中でも笠を取らなくてもよい。菅笠には、「同行二人」の文字と仏教の宇宙観を表す偈が書いてあり、梵字を正面にして被る。「迷故三界城　悟故十方空　本来無東西　何処有南北」{迷うがゆえに三界(欲界、色界、無色界)の城あり、悟るがゆえに十方は空なり、本来東も西もなく、いずこにか南北あらん}と笠の天辺から四方へ修行者の心構えが書かれている。江戸時代には遍路が旅の途中で死んだ場合、この笠を遺体にかぶせ「棺桶」代わりにしていた。 ●2,500円～

杖カバー・

金剛杖の上部をカバーし、手が直接触れないようにする。他人の杖と取り違えないよう杖カバーに名前や目印をしておく。

●250円～

納経軸 のうきょうじく

御宝印軸ともいい納経帳と同様に、お経を唱え、写経を奉納した後に納経所で墨書きと朱印をいただく。朱印をいただく際は軸は開いて差し出し、納経料500円を支払う。満願になった軸は表装して掛軸とし、仏事を始め家庭行事の折々に家宝として仏間や床の間に飾る。

●10,000円～

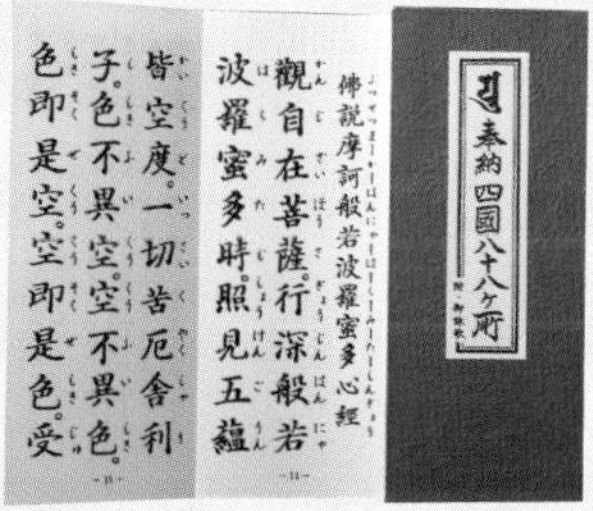

経本 きょうほん

暗記していても経本を見ながら読経する。

●500円～

持鈴 じれい

お遍路さんが腰につける小型の五鈷鈴で、四国の春はこの鈴の音と共にやってくると言われる。鈴の音は、行者の煩悩を払い、道中の魔除けとされ、読経やご詠歌の節に合わせて振られる。

●1,785円～

数珠 じゅず

真言宗では念珠ともよばれ、数珠は心身を清浄にして仏への帰依を表す。数珠を持つ時は親玉を上にして左手に持ち、首から掛けない。お参りには真言宗用の二重の数珠が多く使われているが、菩提寺の数珠や簡単な腕輪タイプのものでもよい。

●1,785円～(小1,050円～)

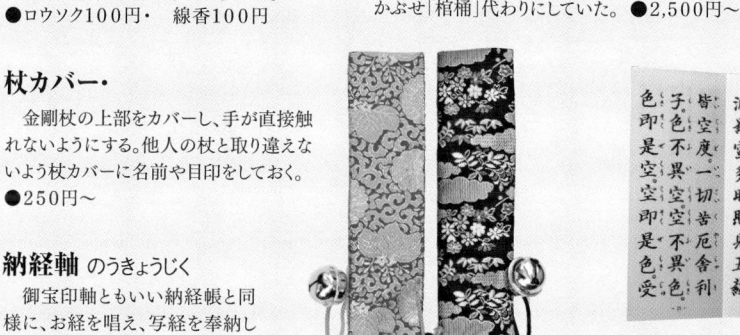

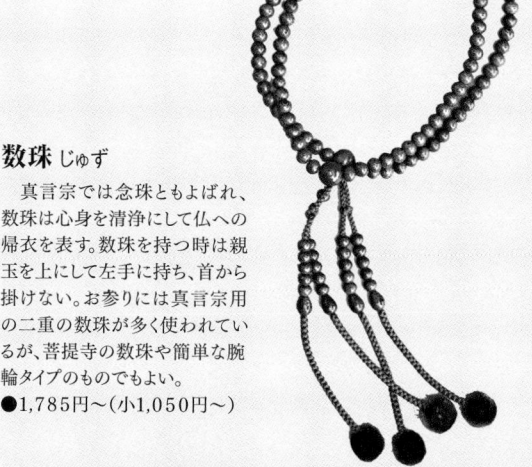

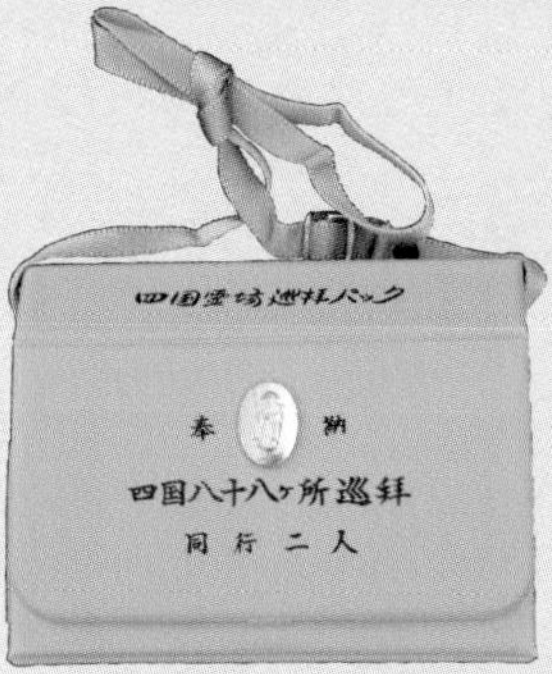

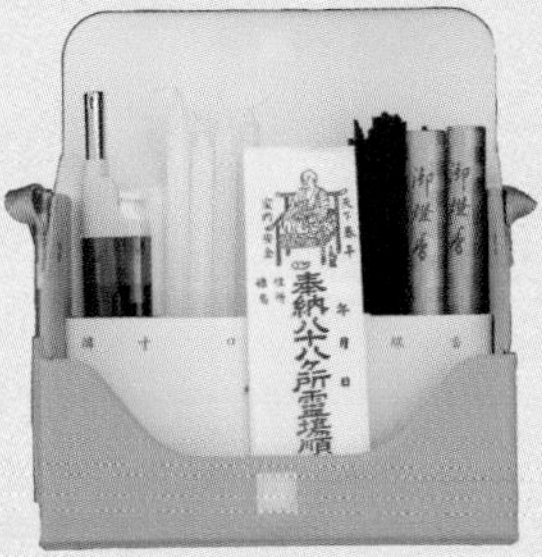

輪袈裟 わげさ

仏に帰依するという恭順の意があり、修行中であるという決意を表す。礼拝の正装具であり、白衣の上から首に掛けて使用する。法衣として平服で巡礼する時でも、輪袈裟だけは着用することが多い。輪袈裟はよくずれるので輪袈裟止めを購入し、白衣と輪袈裟を重ねて止めるとよい。食事の際や手洗いなどの不浄な所に立ち入る際は取り外す。 ●630円～

頭陀袋 ずだぶくろ

頭陀とは煩悩や欲望を払い仏道を求める修行のことで、修行者が托鉢する時に首から掛ける袋を頭陀袋という。遍路用は、白地に「同行二人」と書いてある。納経帳、数珠、経本、ロウソク、線香などを入れる。
●1,050円～

賽銭袋 さいせんぶくろ

賽銭や納経料を入れる小さな布袋。小銭入れは別にしておいたほうが何かと便利。駐車料金や山道通行料金など使用頻度は高い。宿泊するとお接待で紐のついた小袋をくれる遍路宿もある。巾着や自分のお手製でもよい。●200円～

輪袈裟留 わげさとめ

輪袈裟はよくずれるので、白衣と輪袈裟を重ねて留めるとよい。食事の際や手洗いなどの不浄な場所に立ちは入る場合は外す。●630円～

巡拝パック じゅんぱいパック

納札、ロウソク、線香、ライター、筆記器具等をコンパクトに収納できる便利な巡拝専用ケース。 ●1,575円～(ケースのみ)

御影帳 おみえちょう

納経したときにいただくご本尊をしるした御札を整理するアルバム。写真、山号、寺名、御詠歌が書かれている。御影を額にする人もいる。●1,680円～

※同じ商品でも販売店により価格が異なります。
協力／伊予鉄不動産株式会社　順拝用品センター　四国八十八カ所公認先達1号
松山市湊町4丁目4-1　TEL089･945･0135

お遍路用語

【打 つ】 うつ
霊場を巡拝することを「打つ」という。木製か金属製の納札をお堂の柱などに打ちつけていたが、現在では紙製のお札を納札箱に納める。

【順打ち】 じゅんうち
霊場を番号順に時計回りに巡拝すること。一番からとは限らず、自分の都合に合わせ中途の札所から始めても順打ちという。

【通し打ち】 とおしうち
霊場を一度に全て巡拝すること。一度の巡拝で全ての札所を打つことが主流で、正式な巡礼方法だった。

【打ち抜け】 うちぬけ
前の霊場から来た同じ道を戻らずに、境内を別の道を通り次の札所に向かう。

【打ち戻り】 うちもどり
次の霊場へ行くために、通った道を戻ること。わずかな参道を戻る、数十メートル戻る場合もうち戻りという。

【区切り打ち】 くぎりうち
自分の都合や巡拝バスに合わせ、霊場を数カ寺に分けて巡拝すること。

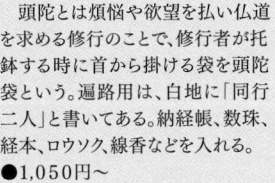

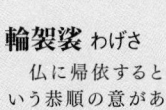

【日曜遍路】にちようへんろ
日曜日や祝日を利用し、マイカーで日帰り巡礼をすること。無理なく、気軽に計画できるので観光を兼ね一年がかりで巡拝する家族連れが多い。

【打ち納め】うちおさめ
予定のコース最後の札所を打ち、最終札所に納札を納めること。一日の終わりの場合は、打ち留めという。

【発　願】ほつがん
霊場巡りを始めようと決心すること。巡礼を始めた寺がその人にとっての発願寺となる。

【結　願】けちがん
満願と同じ意味で、すべての霊場を巡拝し終えること。一番札所から順打ちしなくても「結願」といい、最後に訪れた札所が「結願寺」となる。

【同行二人】どうぎょうににん
今も四国を巡拝されている弘法大師と巡拝者が常に一緒であり、大師のご加護を受けながら巡拝していることをいう。

【本　尊】ほんぞん
霊場の象徴とされ、崇拝の中心とされる本堂に安置された仏像。納経の際は本尊それぞれの真言を唱える。

【本　堂】ほんどう
寺の中心となる堂で、寺の本尊が安置されている。参拝の際、納札を納め、読経する。

【大師堂】だいしどう
真言宗の宗祖・弘法大師が祀られているお堂で、大師像が安置されている。本堂と同様、納札を納め、読経する。

【納経所】のうきょうしょ
お経を納めた印として黒書・朱印をもらう所。お守りや遍路用品を販売している霊場もある。受付は午前7時～午後5時。

【納　経】のうきょう
写経した経典をお寺に納めること。納経の印として、専用の納経帳や軸に墨書・朱印をいただくこと。

【朱　印】しゅいん
札所をお参りした証しとして、納経帳・納経軸・白衣に受ける朱色の印。朱印は札所本尊の分身とされているため、そのご利益があるとされる。納経料は納経帳300円、納経軸500円、白衣200円。

【重ね印】かさねいん
一度ご朱印を受けた納経帳に、二回目以降の巡拝納経時に重ねてご朱印を受けること。何度もご朱印を受けた納経帳は真赤で、厚く重くなっている。

【山　門】さんもん
寺の入り口となる門。金剛力士像が安置されている場合は仁王門。梵鐘が吊るされた鐘楼門など、門の種類も霊場によって様々。

【御　影】おみえ
霊場本尊の尊像を白い紙に刷ったもの。霊場本尊が秘仏のため直接拝せないため、その代わりに納経所で朱印を受けていただく。カラーの御影は、1枚200円で授与している。

【お接待】おせったい
巡拝者に対して地元の人たちが食べ物、飲み物、宿、お金、励ましの言葉などを与える善根の施しをいう。間接的に巡礼に参加し、功徳が得られるとされている。お礼に「南無大師遍照金剛」と三回お唱えして、その人の幸せを祈り納札を渡す。

【先　達】せんだつ
初心者の巡拝者を案内し、お参りの指導や巡拝のお世話をする遍路経験者。霊場の歴史や札所の由来などを熟知し、「四国別格二十霊場会」「四国三十六不動霊場会」で資格を得ている。

【標　石】しるしいし
遍路道に立てられている道案内の石柱。次の札所までの距離や方向が刻まれている。道程を丁という単位で刻んだ丁地蔵や四角の柱状の道標や自然石をそのまま使ったものもある。

【善根宿】ぜんこんやど
見ず知らずのお遍路さんを無償で自宅に泊めること。巡拝者は、その家の仏壇を拝し納札を置く。

本書の見方・使い方

■四国別格二十霊場

1 巡拝記念　霊場風景散華

2 山号・院号

「山」は、中国で寺の所在を示すために用いたのにはじまる。山号は、仏教の寺院に付ける称号。寺院によっては付けていない寺院もある。「院」は、垣をめぐらした建物を表し、僧侶などの人師の住むところ。

3 寺社名

仏さまをお祀りしてある所、通称の場合もある。

4 メインカット

本堂や大師堂など、その寺院を象徴する画像。

5 ご詠歌

鈴と鉦の美しい響きとともに、仏さまの徳や教えなどを讃えて唱える。

6 寺社の特徴

寺社の由来や歴史、弘法大師との関わり、伝説などを紹介。

7 御宝印

参拝が終わってから、本尊様にお経を奉納した証として、納経所で墨書とご朱印をいただく。納経料300円

8 本尊・真言・住所・連絡先を紹介。

9 カラーお御影

各寺院納経所で授与。一枚100円。

10 サブカット

本堂内陣や代表する仏像、伝説の場所など寺の見どころを紹介。

11 伽藍配置図

本堂・大師堂など、堂宇の位置。

12 周辺地図

近隣の地図に駐車場から境内までの時間や次寺までの距離。

13 インフォメーション

公共交通機関を利用した場合とマイカーで巡拝する場合の交通案内。

本書の見方・使い方

■四国三十六不動霊場

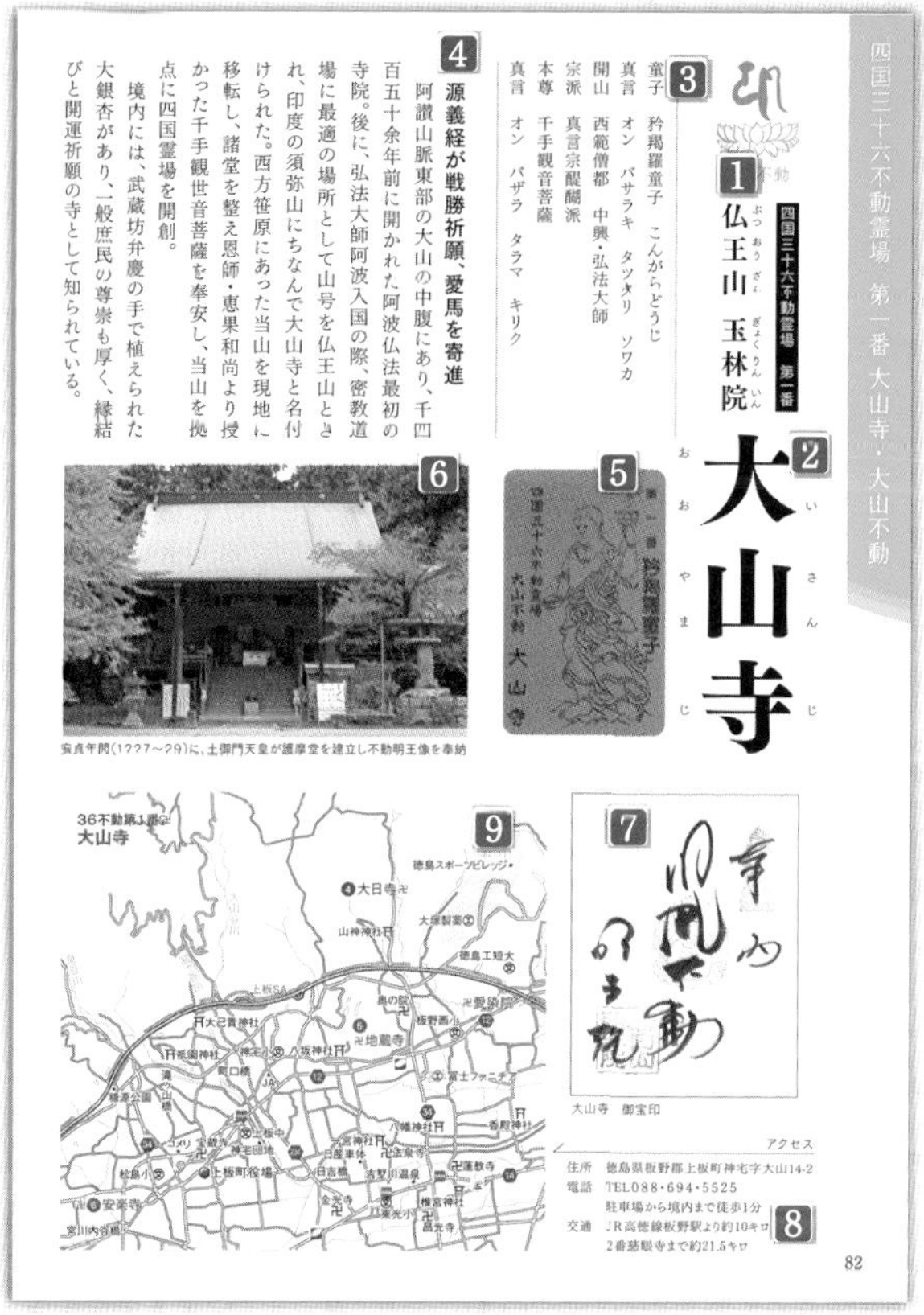
四国三十六不動霊場　第一番　大山寺・大山不動

1 四国三十六不動霊場　第一番
仏王山《ぶつおうざん》　玉林院《ぎょくりんいん》

2 大山寺《おおやまじ》

3
童子　矜羯羅童子　こんがらどうじ
真言　オン　バサラキ　タツタリ　ソワカ
開山　西範僧都　中興・弘法大師
宗派　真言宗醍醐派
本尊　千手観音菩薩
真言　オン　バザラ　タラマ　キリク

4 源義経が戦勝祈願、愛馬を寄進
阿讃山脈東部の大山の中腹にあり、千四百五十余年前に開かれた阿波仏法最初の寺院。後に、弘法大師阿波入国の際、密教道場に最適の場所として山号を仏王山とされ、印度の須弥山にちなんで大山寺と名付けられた。西方笹原にあった当山を現地に移転し、諸堂を整え恩師・恵果和尚より授かった千手観世音菩薩を奉安し、当山を拠点に四国霊場を開創。
境内には、武蔵坊弁慶の手で植えられた大銀杏があり、一般庶民の尊崇も厚く、縁結びと開運祈願の寺として知られている。

5 第一番　矜羯羅童子　四国三十六不動霊場　大山不動　大山寺

6
安貞年間（1227～29）に、土御門天皇が護摩堂を建立し不動明王像を奉納

7
大山寺　御宝印

9
36不動第1番　大山寺

8
アクセス
住所　徳島県板野郡上板町神宅字大山14-2
電話　TEL088・694・5525
駐車場から境内まで徒歩1分
交通　JR高徳線板野駅より約10キロ
2番慈眼寺まで約21.5キロ

82

1 山号・院号

「山」は、中国で寺の所在を示すために用いたのにはじまる。山号は、仏教の寺院に付ける称号。寺院によっては付けていない寺院もある。

「院」は、垣をめぐらした建物を表し、僧侶などの人師の住むところ。

2 寺社名

仏さまをお祀りしてある所、通称の場合もある。

3 童子・真言(童子)・開山・宗派・本尊・真言(本尊)紹介。

4 寺社の特徴

寺社の由来や歴史、特徴、伝説などを紹介。

5 童子金カード

各寺院の童子を印した参拝記念品。授与料300円。

6 メインカット

本堂内陣や大師堂、山門など、その寺院を象徴する画像。

7 御宝印

本堂(不動堂)、お迎え童子、大師堂の参拝後、本尊様にお経を奉納した証として、納経所で墨書とご朱印をいただく。納経料300円。

8 住所・連絡先・駐車場の位置

最寄りの駅からの距離、次寺までの距離が分かる。

9 周辺地図

近隣の地図を紹介。

不動明王

本書に記載してある情報は、すべて2020年1月現在のものです。情報に変更がある場合もありますので、事前にご確認の上、お出かけ下さい。

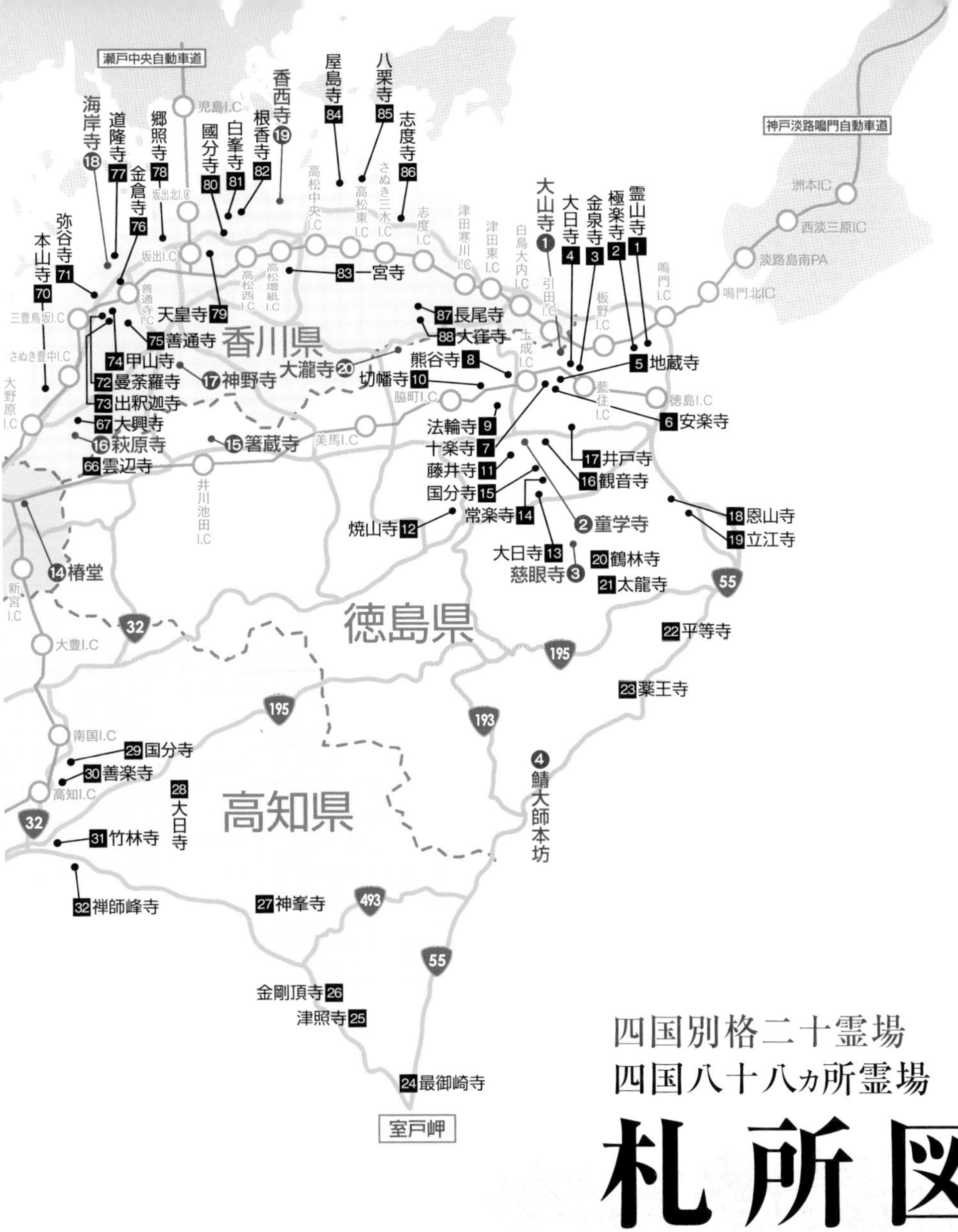

四国別格二十霊場
四国八十八ヵ所霊場
札所図

伊予・愛媛県

四国別格二十霊場　9ヵ寺
四国八十八ヵ寺霊場　26ヵ寺

阿波・徳島県

四国別格二十霊場　6ヵ寺
四国八十八ヵ寺霊場　23ヵ寺

讃岐・香川県

四国別格二十霊場　4ヵ寺
四国八十八ヵ寺霊場　23ヵ寺

土佐・高知県

四国別格二十霊場　1ヵ寺
四国八十八ヵ寺霊場　16ヵ寺

西瀬戸尾道IC
西瀬戸自動車道(しまなみ海道)
観音寺69
神恵院68
今治北I.C
南光坊55
国分寺59
延命寺54
泰山寺56
栄福寺57
仙遊寺58
今治I.C
今治湯ノ浦I.C
東予丹原I.C
興隆寺10
延命寺12
三角寺65
大野原I.C
三島川之江I.C
宝寿寺62
吉祥寺63
前神寺64
11
196
生木地蔵11
圓明寺53
太山寺52
石手寺51
繁多寺50
浄土寺49
伊予小松北I.C
伊予小松I.C
香園寺61
横峰寺60
48西林寺
いよ西条I.C
新居浜I.C
土居I.C
新宮I.C
13仙龍寺
194
川内I.C
松山I.C
47八坂寺
46浄瑠璃寺
伊予I.C
文殊院9
44大寶寺
45岩屋寺
33
56
内子五十崎I.C
出石寺7
380
8十夜ヶ橋
愛媛県
清瀧寺35
伊野I.C
高知I.C
土佐I.C
大洲I.C
197
大洲北只I.C
須崎東I.C
大善寺5
33雪蹊寺
34種間寺
36青龍寺
明石寺43
42仏木寺
41龍光寺
西予宇和I.C
三間I.C
高知県
381
宇和島北I.C
6龍光院
宇和島南I.C
津島高田I.C
観自在寺40
延光寺39
37岩本寺
321
足摺岬
38金剛福寺

四国別格二十霊場「同行二人」へのお誘い

当四国別格二十霊場は弘法大師さまとご縁深き霊場が集う霊場で御座います。そして私ども衆生と共に歩まれるという「同行二人」の教えをより身近に感じられる霊場です。

各霊場には御大師さまが、巡錫（御大師さまが修行の為に四国を巡られたこと）の折に残された逸話が多数残されております。例えば第三番慈眼寺では、穴禅定という修行が出来ます。何とか潜り抜けるこのできる狭い洞窟の中をローソクの明かりだけを頼りに這うように進んで参ります。案内の先達さんの云うことに素直に従わなければ進めません。全国の穴修行の中でも、最も過酷かもしれませんが、無事に外に出てこれた時の達成感は、ひとしおです。また、第八番十夜ヶ橋は土橋の下で野宿された御大師さまが一夜を十夜にも長く感じられた歌を詠んだことから名付けられました。四国の道中、橋の上では杖は突かないという習わしは、この話が由縁です。他にも、四国遍路の開祖といわれる衛門三郎との深いご縁のある第九番文殊院。疫病を椿の杖で封じ込め、その木が大樹となりその子孫が現存する第十四番椿堂。

以上のような、庶民に親しまれる霊場もあれば、広大な境内に荘厳な伽藍を有する寺院も有ります。

しかしながらその札所に共通することは、大師信仰に基づく衆生済度の御教えです。苦難の時も安楽な時も、同行二人というお姿で寄り添って下さる御大師さまを、身近に感じて頂けるのが別格二十霊場です。

御大師さまの説かれた教えに
『教王経開題』「法宝《ほうほう》はすなわち難思《なんじ》の功徳を具《ぐ》して、よく自者《じしゃ》をして世出世《せしゅせ》の楽《らく》を与えしむ」

「仏の教えは私たちの考えも及ばない功徳を持っているので、教えを実践するものは必ず楽しみを得ることができる」と御大師さまはおっしゃっております。

「世出世」とは、世俗と世俗をはなれた世界、つまるところ 実際に行動することにより、出家 在家に関係なく、仏の功徳を実感できるということです。

どうぞ別格二十霊場を御参拝ください。

身も心も打ち込んでこそ、安心《あんじん》(仏による満ち足りた心の状態)を実感できることでしょう。

四国別格二十霊場会 会長
第十四番 椿堂 住職 田中 鐘暁

四国別格第一番

大山寺《たいさんじ／おおやまじ》

仏王山《ぶつおうざん》　玉林院《ぎょくりんいん》

大師堂内には、神変大菩薩像、理源大師像も祀られている

さしもぐさ　たのむちかひは
大山の　松にも法の
花やさくらむ

大山寺は阿讃山脈東部の大山の中腹にあり、千四百五十余年前に開かれた阿波仏法最初の寺院。弘法大師が唐から帰国して阿波巡錫の折、大山寺を訪れ「密教道場に最適の地」と感得され諸堂を整えられた。その際、恩師恵果和尚より授かった千手観世音菩薩像を奉安し、山号を仏王山、印度の須弥山にちなみ大山寺と名付け、当山を拠点に四国霊場を開創。

平安時代の末期、寿永四年（1185）に源義経が屋島の源平合戦の折り、大山寺の黒岩山太郎坊を訪ね勝利を祈願。その御礼として三宝荒神像、初音のつづみ、愛馬「薄雪」などを寄進し、髪懸堂一宇を建立。安貞年間（1227〜29）には、土御門天皇が護摩堂を建立し、不動明王像を奉納。天正十四年（1586）に阿波藩主となった蜂須賀候は大山寺を祈願所に定めて篤く尊崇し、供物料として山林田畑を寄進。現在の大師堂は幕末の文久三年（1863）に藩主・蜂須賀斉裕候の命により再建。

大山寺御宝印

本尊　千手観音菩薩
真言　オン　バザラ　タラマ　キリク
開山　西範僧都　中興・弘法大師
宗派　真言宗醍醐派　準別格本山
住所　徳島県板野郡上板町神宅字大山14-2
電話　088・694・5525

千手観世音菩薩

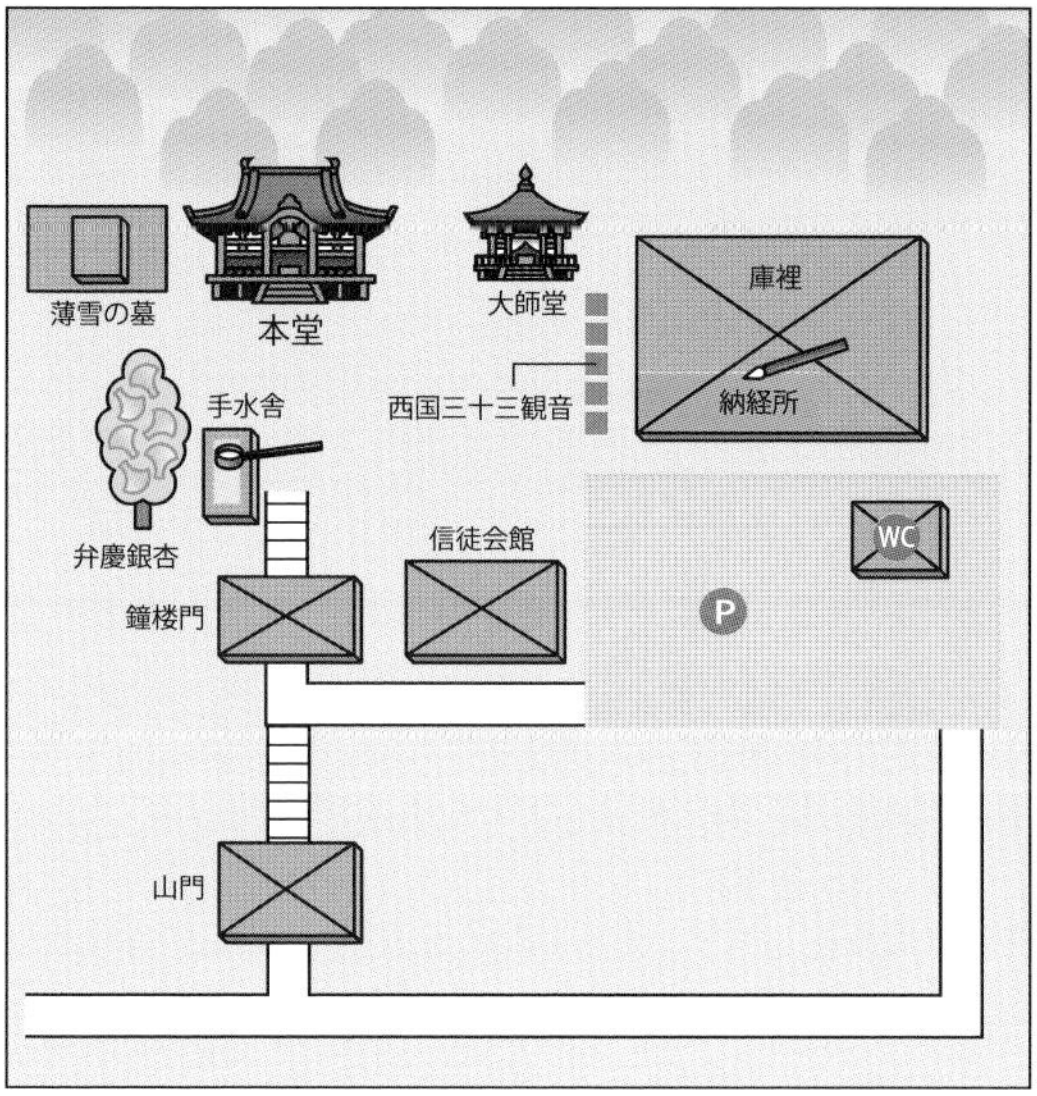

第一番 大山寺〈境内図〉

源義経秘蔵の白馬「薄雪」の墓

交通	バス・電車	JR高徳線板野駅より約10キロ。徳島駅前より徳島バス鍛冶屋原行で「神宅」バス停下車、約6キロ。
	車	阿讃広域農道より四国の路の標識に従う

四国別格第二番

童《どう》学《がく》寺《じ》

東《とう》明《めい》山《ざん》

弘法大師が学門修行した童学寺の大師堂

まいるなら　三世の悪行　消へはてる　南無や薬師の　瑠璃の光に

寺伝には、「人皇第四十代天武天皇（673～86）の勅願により白鳳年間の創建で、四国最古の伽藍」とある。弘法大師が八、九歳の頃、当山に来られ学問修行をしたという故事により童学寺と称した。その時に大師が硯の水を求めて筆で巌を穿ったところ、清水が忽然と湧き出たという「お筆の加持水」が境内裏庭逍遙園入口にある。霊水を飲めば緒病が治癒し、墨を磨ると書道上達が得られると伝わる。

後に大師が二度当寺を訪れ、後大師厄除薬師如来、阿弥陀如来、観世音菩薩、毘沙門天、持国天、歓喜天を彫刻し、一小堂を建立、薬師如来を本尊として安置。次いで「又大師四十二歳の時、嵯峨天皇御厄年に当せられるを以て、当山に於いて密壇を荘厳し、三七日の秘法を厳修」したという。天正年間（1573～92）には長宗我部軍の兵火により灰燼に帰す。元禄年間（1688～1704）に再興され、その後次第に往時の姿を取り戻し現在に至る。

童学寺御宝印

本尊　薬師如来
真言　オン　コロコロ　センダリ　マトウギ　ソワカ
開山　行基菩薩
宗派　真言宗善通寺派
住所　徳島県名西郡石井町石井字城の内605
電話　088・674・0138

国宝厄除薬師如来

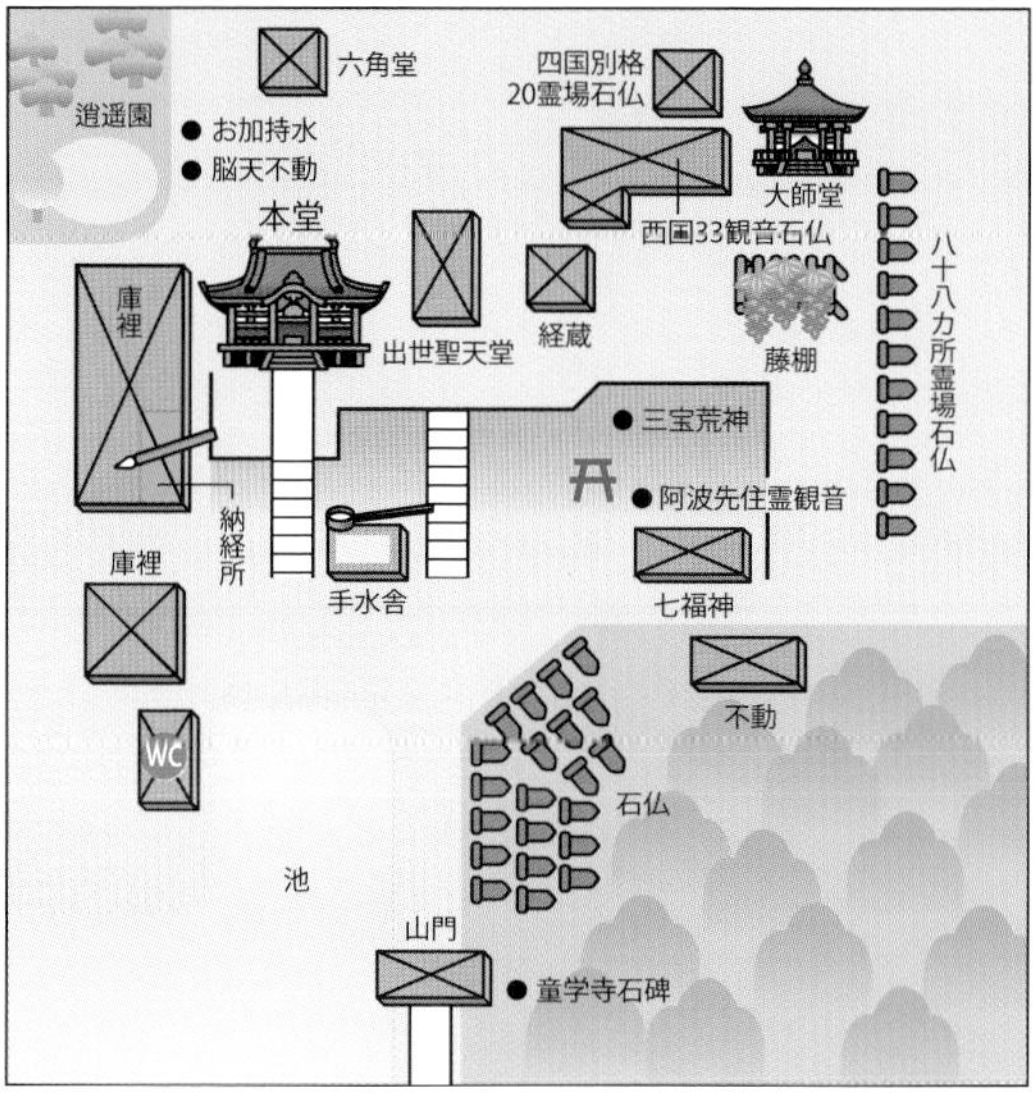

第二番 童学寺〈境内図〉

羅多羅(らたら)童子と大智徳不動明王を祀る岩窟

交通	バス・電車	JR徳島本線石井駅より約2キロ。徳島駅前より徳島バス鴨島行、池田行などで「石井警察署前」バス停下車、約1.2キロ。
	車	国道192号線の童学寺標識に従い神山町・焼山寺方面へ南進。少し進み童学寺の標識を右折。

四国別格第三番

慈《じ》眼《げん》寺《じ》

月《がっ》頂《ちょう》山《ざん》
宝《ほう》珠《じゅ》院《いん》

大師堂は庫裏とつながり納経所が右にある

天とふや　鶴の奥山
おくたへて　願ふ功力に
法ぞ通はむ

十九歳の弘法大師が衆生の厄難を除くために当地で修行中、深山霊谷に霊気漂う不思議な鍾乳洞（穴禅定）を発見。大師は洞窟の入口で邪気祓いのため護摩祈祷を厳修。結願間近のある日、洞窟内に巣くっていた悪龍が現れ大師めがけて襲いかかった。大師は真言を唱え、その法力を以て悪龍を洞窟の壁に封じ込め、二十一日間の加持を修した。霊木に一刀三礼して十一面観音像を刻み、末代衆生のために結縁潅頂の秘法を修した行場とした。

参拝者は、一人ずつローソクを灯して「南無大師遍照金剛」と唱えながら入窟。岩壁に、三尊阿弥陀如来、不動明王、普賢菩薩、仏天蓋が刻まれている。広場に出ると大師が法力で封じ込めた悪龍の頭、牙、手足、尾、魔除けの法螺貝などが垂れ下がっている。そして、一番奥に行くと座禅修行大師の御宝前に至る。帰りは罪滅ぼしの胎内くぐりをして、一願成就の大師袈裟かけ石を三度さすって祈願する。

本尊	十一面観世音菩薩
真言	オンマカ　キャロニキャソワカ
開山	弘法大師
宗派	高野山真言宗
住所	徳島県勝浦郡上勝町大字正木字灌頂瀧18
電話	0885・45・0044

十一面観世音菩薩

慈眼寺御宝印

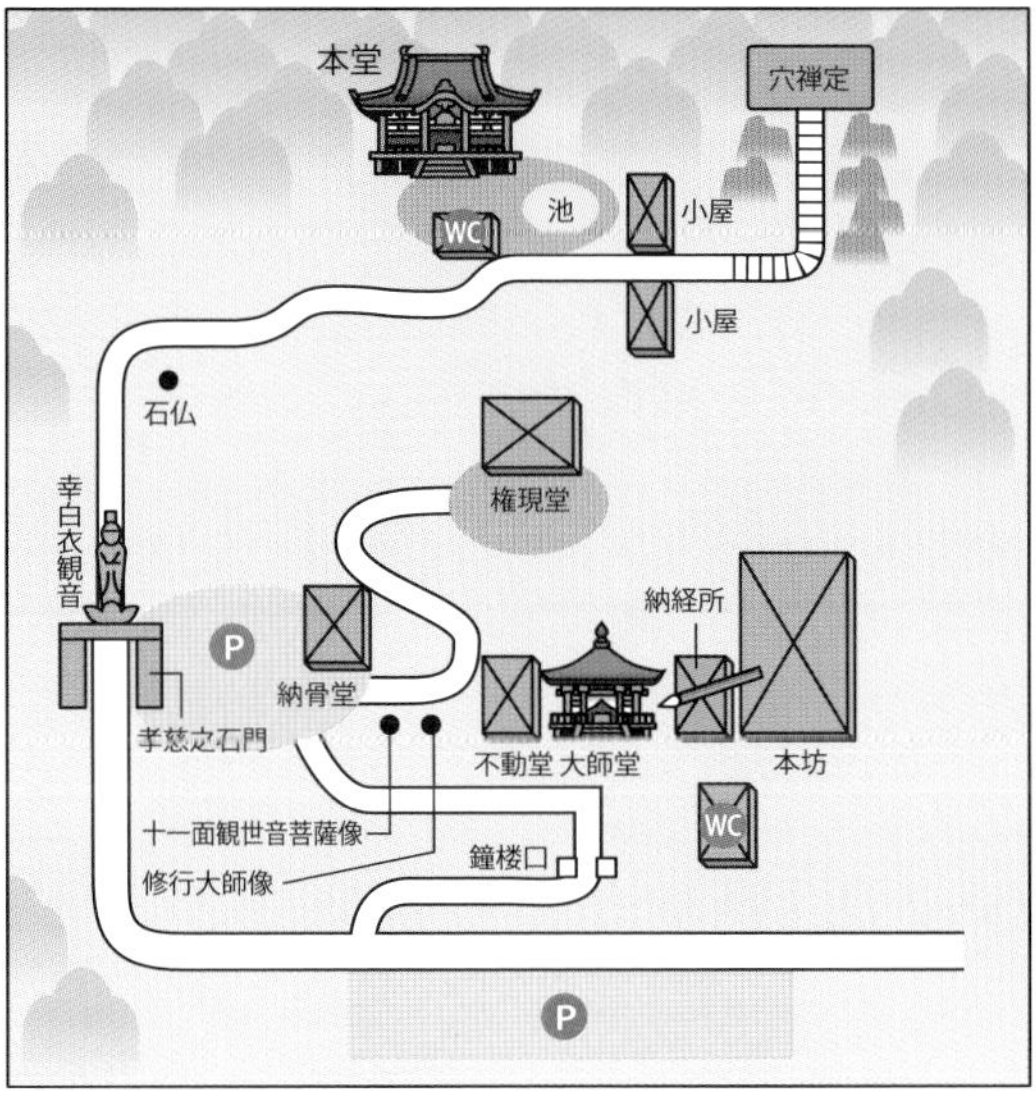

第三番 慈眼寺〈境内図〉

孝慈之石門から山道を上り本堂と穴禅定へ

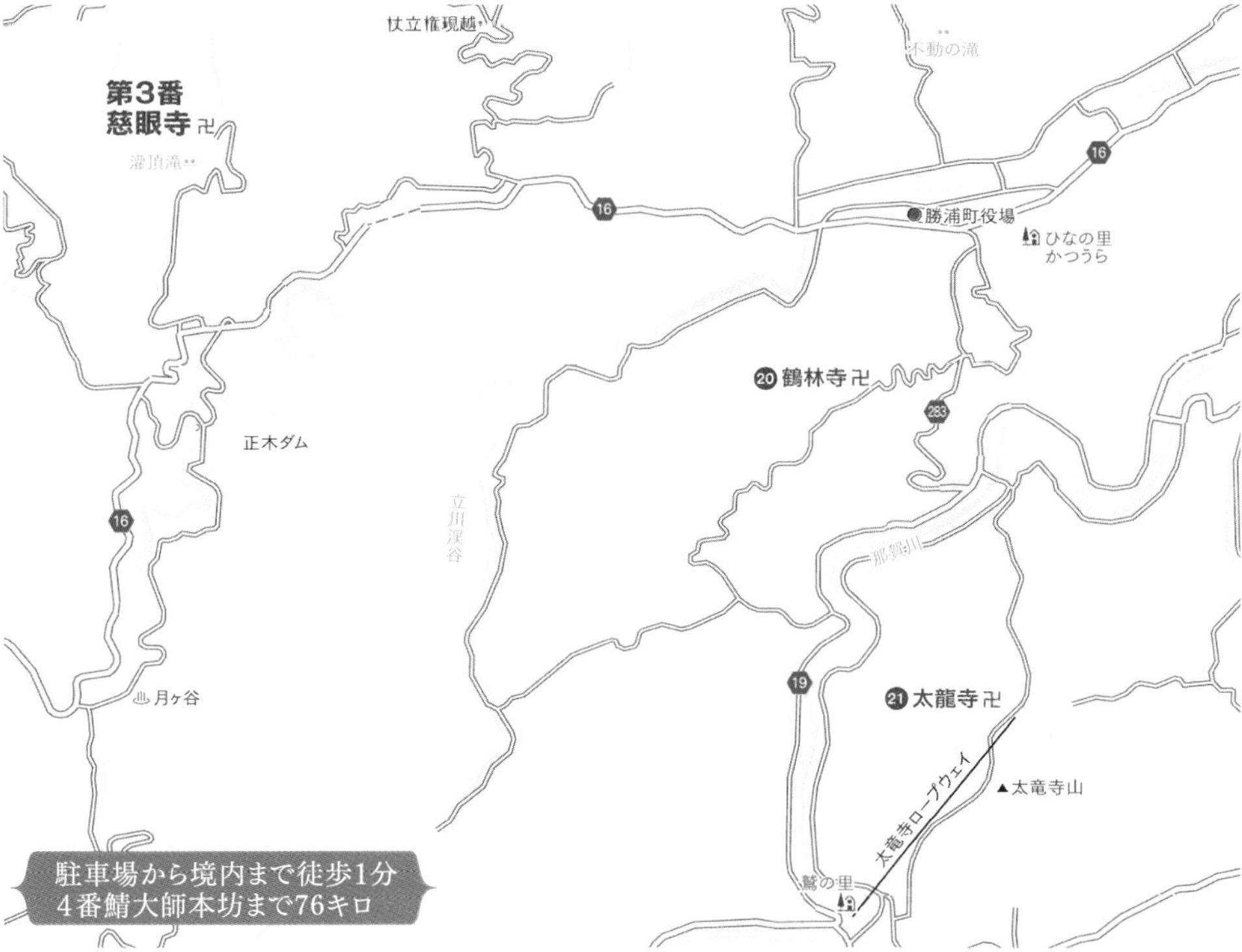

交通	バス・電車	JR徳島駅から勝浦方面横瀬西行バス停「横瀬西」下車約14キロ。 そこから横瀬タクシーTEL0885-42-2068で寺まで約25分。
	車	県道16号上那賀線を川上に向かって進む。 四国二十番鶴林寺ふもとより約19キロで道標あり。

四国別格第四番

鯖大師本坊《さばだいしほんぼう》

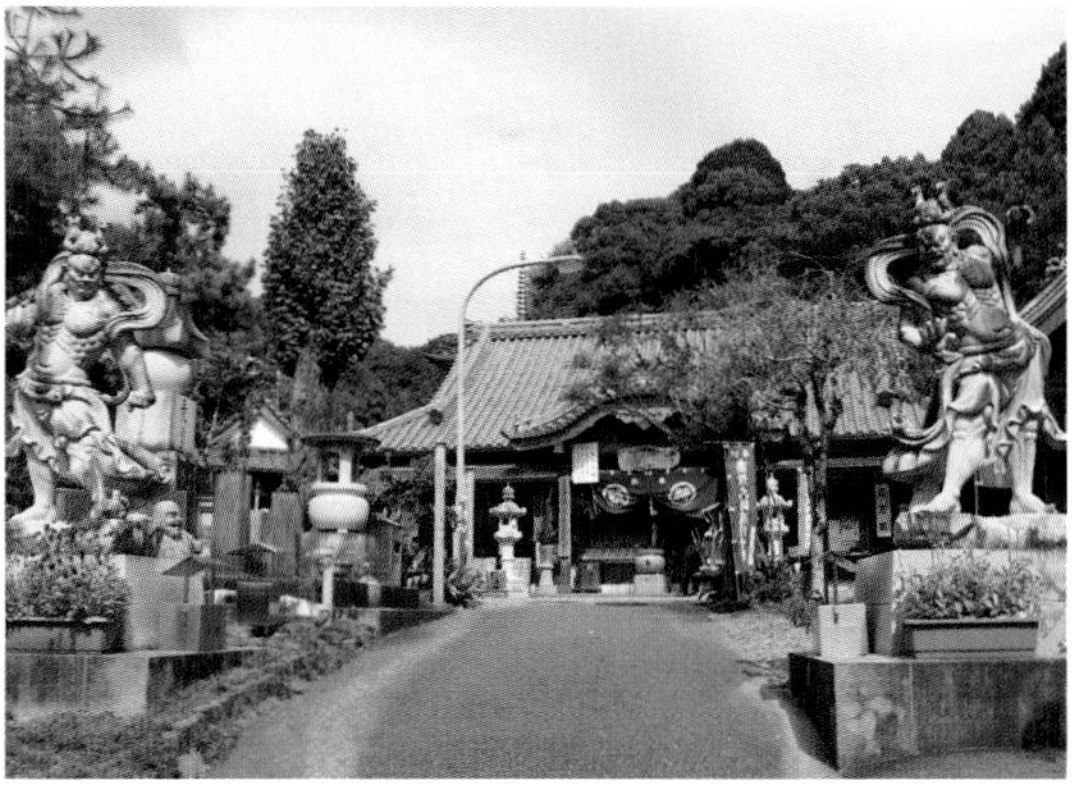
弘法大師が7日間の修法を行った八坂寺（鯖大師本坊）

かげだにも　我名を知れよ
一つ松　古今来世を
すくひ導く

かつて鯖大師本坊の建つ辺りは、八つの浜、八つの坂が続く交通の難所。その道の傍らで弘法大師が休んでいると、鯖を積んだ馬が通りかかったので馬子に鯖を一尾ほどこすように頼んだ。ところが、くれてやる鯖はないと馬子に断られる。すると馬引坂まで登ったところ、馬が急に苦しみ始めた。馬子は驚いて、先程の旅僧を邪慳にしたせいに違いないと、大師に詫びて鯖を差し出し馬の治療を願った。そこで大師が馬に加持水を与えると、馬の腹痛はたちまちに止み、元気に歩きだした。

また、八坂八浜の法生島で塩鯖を加持し海に放つと、生き返り泳ぎ去ったと伝わる。仏心を起こした馬子は大師の弟子となり、この地が古今来世まで人々の救いの霊場となるように庵を建てた。この所以からいつしか人々に鯖大師と呼ばれ、鯖を三年絶って祈念すれば願い事が叶うと伝わる。本堂前右手に「四国霊場お砂踏み修行道場」がある。

鯖大師本坊御宝印

本　尊　弘法大師
真　言　南無大師遍照金剛
開　山　行基菩薩
宗　派　高野山真言宗
住　所　徳島県海部郡海陽町浅川字中相15
電　話　0884・73・0743

鯖大師眞像

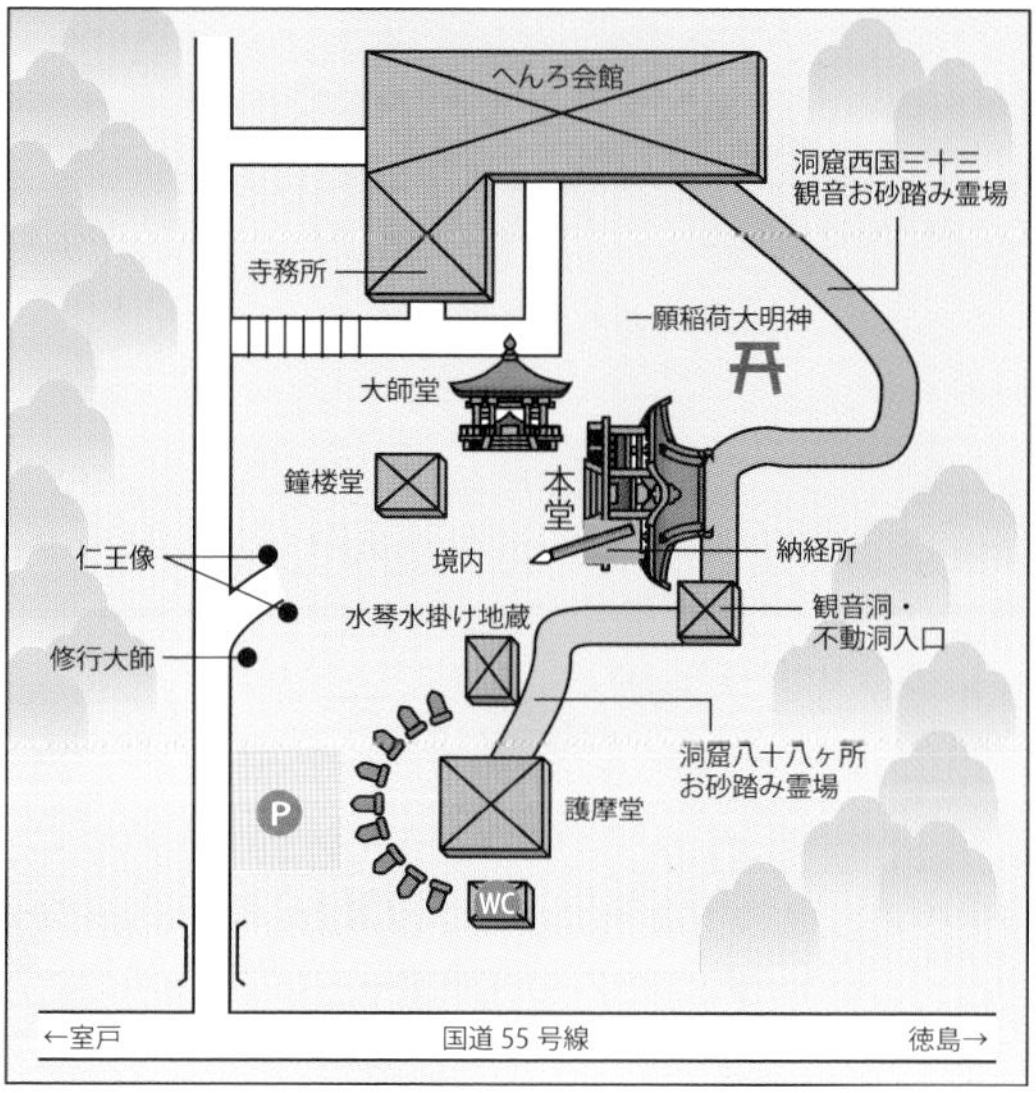

第四番 鯖人師本坊〈境内図〉

不動明土も祀られ、護摩供養祈願が毎日行われている

交通　バス・電車　JR牟岐線鯖瀬駅より徒歩2分。
　　　車　　　　　国道55号線の看板を右折すぐ道沿いに

四国別格第五番

大善寺《だいぜんじ》

高野山《こうやさん》

須崎市の町中にある大善寺、石段を上ると正面に本堂

みな人の　善を須崎の　高野寺
波の音さえ　法の声かな
ゆるぎなき　誓いを　二つの石に立つ
御祖《みおや》のみ旨　とわにかしこし

弘法大師が巡錫していた時、須崎は海に突き出た岬で打ち寄せる波にさらわれ遭難する人が少なくなかった。「土佐の親知らず」と呼ばれる難所だったが、干潮の時だけ二つ石岬の端を通ることができた。その話を聞いた大師が、二つ石の上に立ち遭難者の菩提を弔い、海路を行き交う船の安全を祈願して一宇を建立。これが大師堂の起こりで、「二つ石のお大師さん」と呼ばれるようになった。

奈良の長谷寺小池坊の末寺だった大善寺は、法印職の住する中本寺格で八幡神社の別当職として末寺十七カ所寺を擁し、八幡山明星院大善寺と称していた。しかし、宝永四年（1707）の大地震で津波に襲われ二千坪に及ぶ境内が崩壊したため古城山の麓に移転。その後は、順調に推移したが明治の廃仏毀釈により明治二十七年（1894）廃寺に。二年後の明治二十九年、弘法大師の霊跡を惜しむ里人の手で再興され、現在地に移り再建された。

大善寺御宝印

本　尊　弘法大師
真　言　南無大師遍照金剛
開　山　弘法大師
宗　派　高野山真言宗
住　所　高知県須崎市西町1-2-1
電　話　0889・42・0800

二ツ石弘法大師

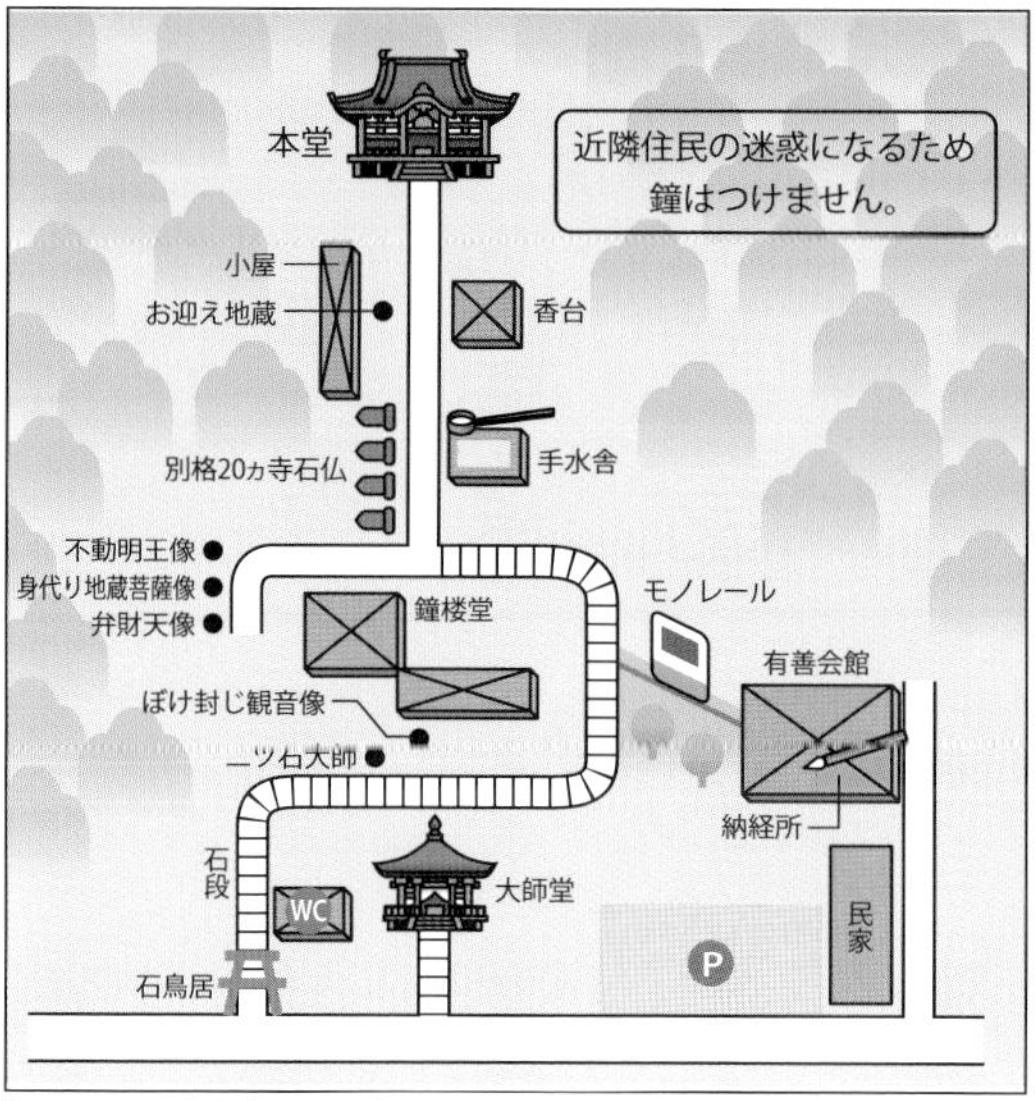

第五番 大善寺〈境内図〉

二つ石大師と呼ばれる弘法大師像、大師祭は8月19日

交通	バス・電車	JR土讃線土佐新荘駅より徒歩5分。 急行利用の場合は須崎駅下車、徒歩30分。
	車	国道56号線南下、須崎トンネルをくぐり、突き当たりの三叉路を左折。 須崎中央I.C下車、3分。

四国別格第六番

臨海山《りんかいさん》 龍光院《りゅうこういん》

石段を上りきると正面に本堂、右横奥に納経所がある

みめぐみの　杖をたよりに
有為の山　越えてくもらぬ
月を見るかな

大同元年（806）、都から遠く文化の恩恵が少ないこの地を残念に思った弘法大師が、四国八十八カ所霊場の開創を発願し、成就されたのを記念して宇和島湾の九島に願成寺（鯨大師）を建立。寛永八年（1631）、巡拝の便利が良いようにと元結掛の大師堂に移され、明治になり四国霊場第四十番観自在寺の奥之院として龍光院に合祀された。

龍光院は元和元年（1615）、宇和島初代藩主・伊達秀宗が入部した時、宇和島城の鬼門に当たるこの場所へ、藩と領民の安泰を計り、伊達家の祈願寺として建立された。その後、寛永十五年（1638）京都大覚寺二品宮親王が当山に立ち寄り、その風光明媚を称えられて臨海山福壽寺の号を賜る。

平成二年、除災招福大観音像を中国から勧請し、万民の平和と利福を祈念し建立。毎年五月二十日、この大観音像が鎮座する裏山一帯で新四国百八霊場のお山開き山開きが行われる。

龍光院御宝印

本尊　十一面観世音菩薩
真言　オンマカ　キャロニキャ　ソワカ
開山　栄瑜上人
宗派　高野山真言宗
住所　愛媛県宇和島市天神町1-1
電話　0895・22・0527

十一面観世音菩薩

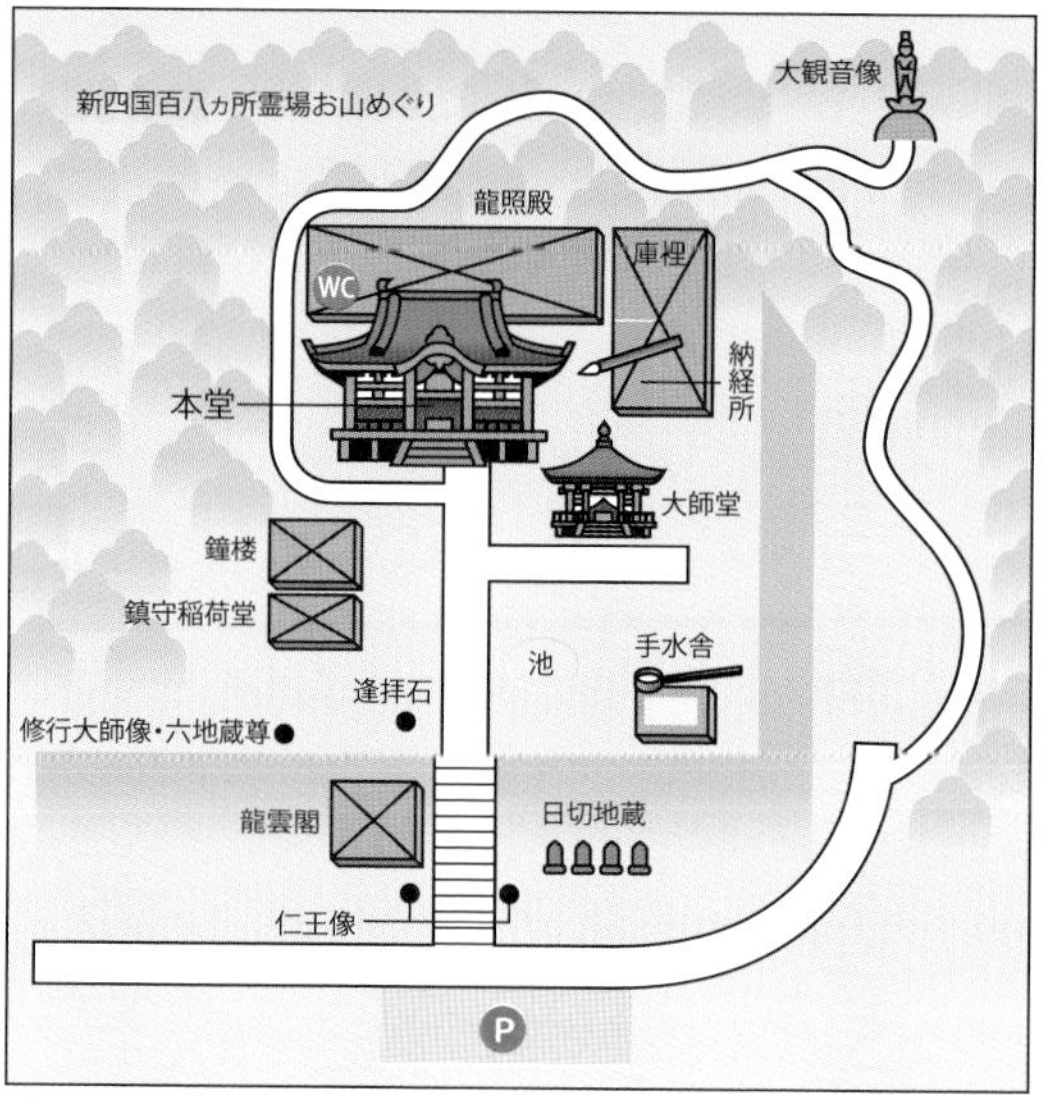

第六番 龍光院〈境内図〉

鎮守稲荷大明神横の修行大師像と六地蔵尊

交通　バス・電車　JR 予讃線宇和島駅より徒歩5分。
　　　車　　　　　国道197・320号線経由し宇和島駅を目標に進み、
　　　　　　　　　宇和島自動車ビルの横から入る

四国別格第七番

金山《きんざん》 出石寺《しゅっせきじ》

出石山頂に建つ本堂、境内からの眺めは素晴らしい

くもりなき　二名の島の金山に　みのりの光かがやくを見よ

養老二年（718）六月十七日に道教法師により開創。旧宇和郷田中庄の猟師・作右衛門が狩りに出て、一頭の鹿を射んとした所、突然全山震動して光明を放った。鹿の姿はかき消え、鹿の立っていた足元の岩が真二つに割れ、黄金に輝く千手観音菩薩像と地蔵菩薩像が地中から出現した。この奇瑞を目撃してから、作右衛門は殺生を止めて仏道に入り道教を名乗る。二つの仏像を本尊として庵に祀り、雲峰山出石寺と号したと伝えられる。

大同二年（807）に弘法大師が四国巡錫の際、この山に登り「菩薩応現の勝地、三国無双の金山なり」と讃嘆し、護摩供を修法された。大師は後世この仏像が粗末に扱われてはならぬと、仏像を石室に封じて秘仏としたと伝わる。

急な石段を上り山門をくぐると正面に護摩堂が建つ。その唐破風向拝には、戦国武将・藤堂高虎が文禄二年（1593）の朝鮮出兵で持ち帰った銅鐘（重文）が吊られている。

出石寺御宝印

本　尊　千手観世音菩薩
真　言　オンバザラ　タラマ　キリク
開　山　道教法師
宗　派　真言宗御室派
住　所　愛媛県大洲市豊茂乙1
電　話　0893・57・0011

千手観世音菩薩

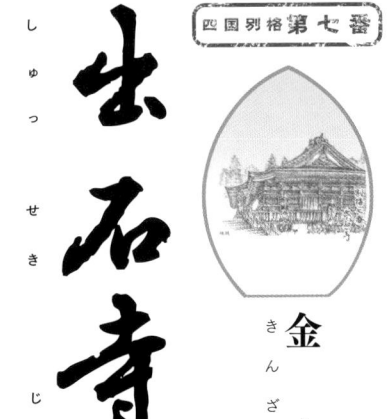

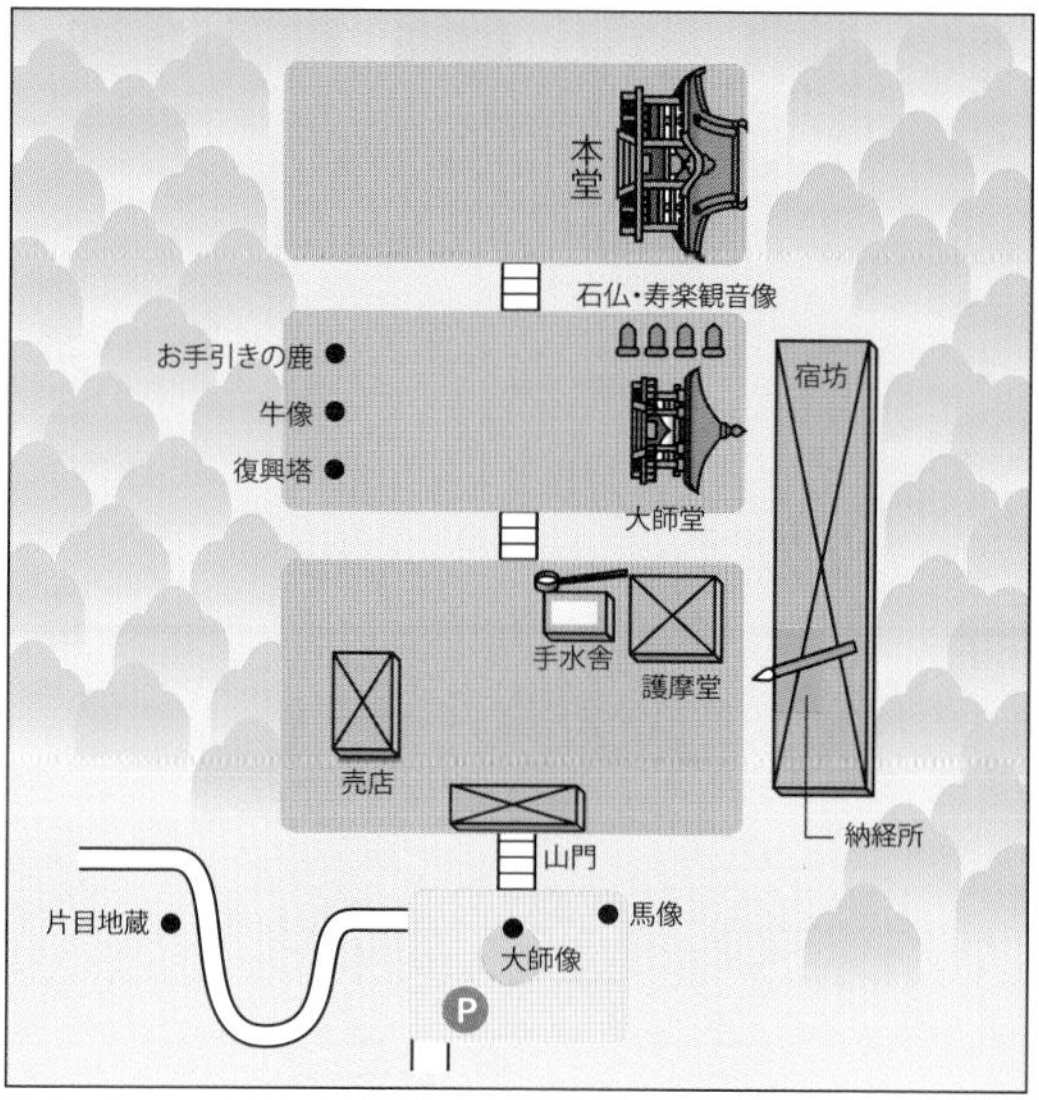

第七番 出石寺〈境内図〉

大師像の近くから伝説の片目地蔵（一願地蔵）へ下る道がある

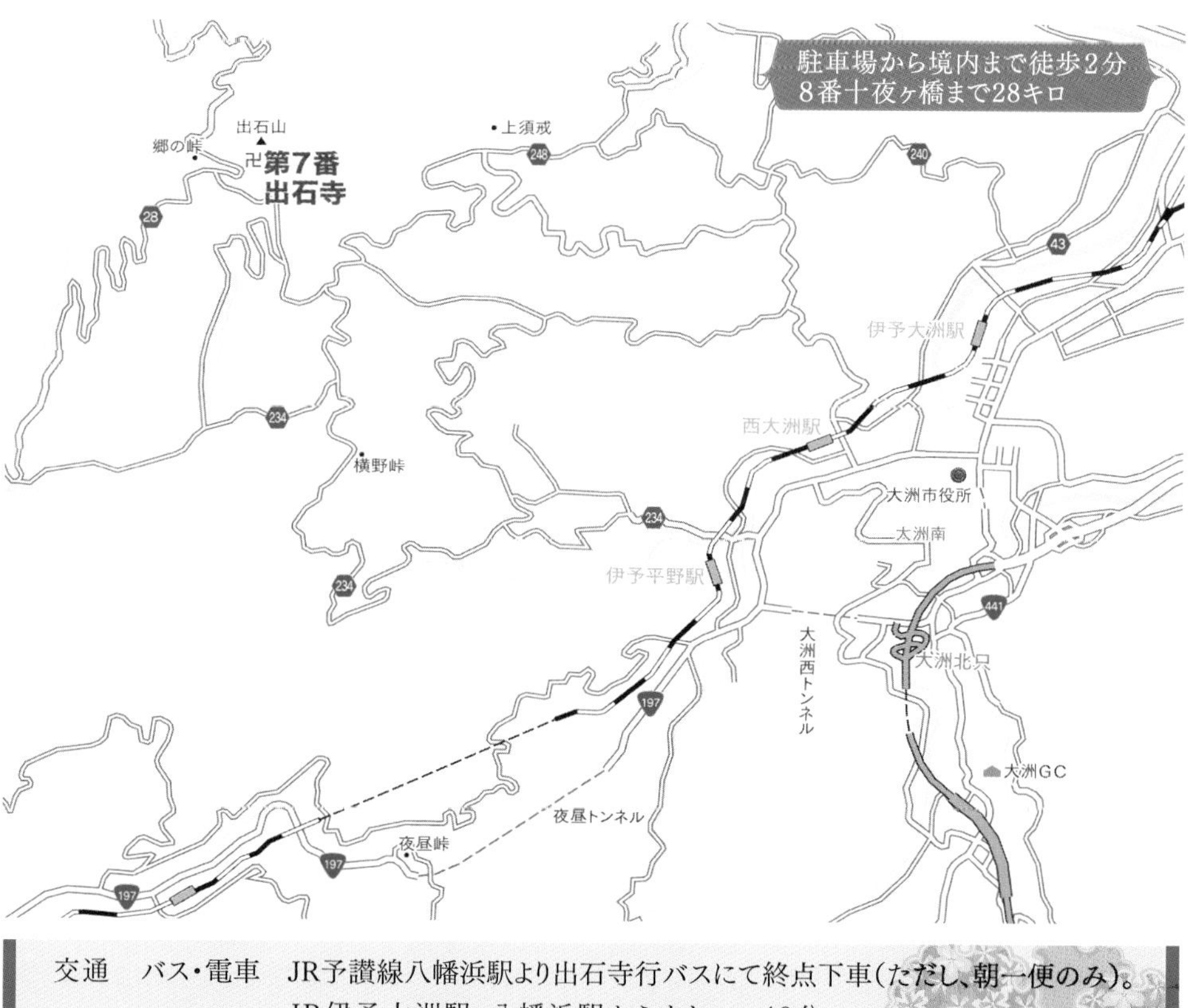

交通　バス・電車　JR予讃線八幡浜駅より出石寺行バスにて終点下車（ただし、朝一便のみ）。
JR伊予大洲駅、八幡浜駅からタクシー40分。
車　宇和島方面からは八幡浜駅を経由して197号線喜木交差点から標識に従う。

弘法大師と十夜ヶ橋《とよがはし》

四国遍路、それはお大師様の御跡である四国の霊場を巡礼することであり、お大師様に身を任せ、地位や肩書に関係なく誰もが等しく『安心(あんじん)』をいただける大師の道であります。その霊場の一つに『十夜ヶ橋永徳寺』があります。

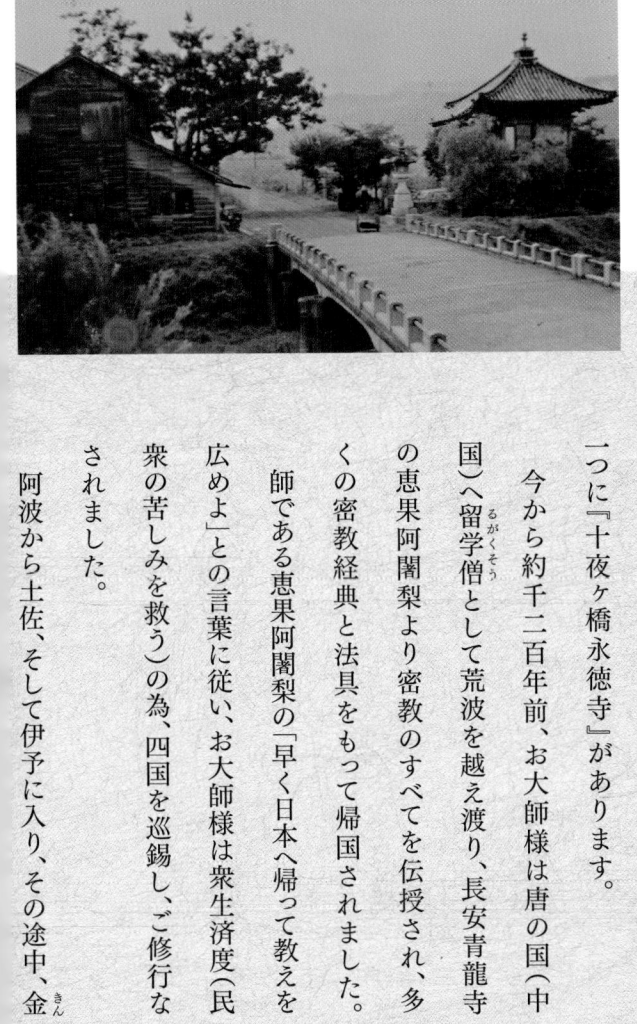

今から約千二百年前、お大師様は唐の国(中国)へ留学僧《るがくそう》として荒波を越え渡り、長安青龍寺の恵果阿闍梨より密教のすべてを伝授され、多くの密教経典と法具をもって帰国されました。師である恵果阿闍梨の「早く日本へ帰って教えを広めよ」との言葉に従い、お大師様は衆生済度(民衆の苦しみを救う)の為、四国を巡錫し、ご修行なされました。

阿波から土佐、そして伊予に入り、その途中、金《きん》巌《がん》(現在の別格霊場第七番　別格本山　金山出石寺)の山頂で、雪の舞い降る中、食べ物も寝る所もない、厳しいご修行をされ、衆生再度の想いをあらたにして、山を降りられました。

現在の久万高原町(大寶寺・岩屋寺)に行く途中に日が暮れ、一晩休むところを探していると小川にかかる土橋があり、橋の下を一夜の宿とされました。

その夜、これまでの修行や巡錫中に出会った人々に思いをめぐらせると「人々の悩みや苦しみはとても深い。御仏の教えも知らず、悟りを求めることも知らず、将来に対する希望もなく、何となくその日を送り暮らすだけの人々に対し、私は何ができるのだろうか。密教を伝えることができるのだろうか。人々を救いたい…救いたい…」と悩まれました。

その時にお大師様は橋の下で詩を詠まれました。

「ゆきなやむ　浮世《うきよ》の人を　渡《わた》さずば
一夜《ひとよ》も十夜《とよ》の　橋と思《おも》ほゆ」

この詩から、この橋は「十夜ヶ橋」と呼ばれるようになりました。

当時、身分も知名度もない（大同二年　三十四歳頃と伝わる）お大師様は、「生きることに、悟りの世界へ往くことに、悩み苦しんでいる人々に対し、密教を教え、悟り（即身成仏）に導きたいが、導くことができない……。人々を救うためには、悟りへ渡すには、どのようにしたら良いのだろうかと考えていると、一晩が十日間の夜ほど長く感じた」と詠まれたのであります。

お大師様の御誓願「虚空尽き、衆生尽き、涅槃尽きなば、我が願いも尽きなん」と同じく、人々（私たち）のことを想う大慈悲の詩であります。

四国の霊場を巡るお遍路さんには『橋の上では杖を突かない』という決まり事があります。それは今もお大師様は人々を救うために十夜ヶ橋の下でご修行中であり、「橋の下で休まれているお大師様に失礼のないように、起こさないように」との思いから伝承されてきたことであります。

生きることに悩み苦しんでいる現代も、お大師様のお心にふれ、おすがりして御利益をいただくことのできる霊場が『十夜ヶ橋』であります。

合掌

十夜ヶ橋永徳寺　山主　三好圓暁

四国別格第八番

十《と》夜《よ》ヶ《が》橋《はし》

永《えい》徳《とく》寺《じ》

国道沿いの十夜ヶ橋奉讃殿と納経所、右横に大師堂が建つ

ゆきなやむ　浮き世の人を渡さずば　一夜も十夜の橋と思ほゆ

約一千二百年前、四国を巡錫中の弘法大師がこの地を訪れた。当時は民家も少なく、農繁期でもあったため大師が一夜の宿を探したが見つからず、空腹のまま土橋の下で野宿した。翌日、「ゆきなやむ　浮き世の人を　渡さずば　一夜も十夜の　橋と思ほゆ」と詠み、大師は旅立って行ったと伝えられる。これは、村人が大師を怪しみ誰も宿を貸さなかったことに対して怒るのではなく、大師に冷たく当たるような信仰心の無い人々をも、どうすれば救うことができるか、と思案しつつ夜を明かした。この十夜ヶ橋伝説から、遍路は「橋の下ではお大師様が休んでいる」として、橋の上では杖を突かないという習慣ができた。

弘法大師の石像を安置している十夜ヶ橋の下にテントを張り、大師の遺徳を偲び、ご加護に浴しようと多くの遍路が一夜を過ごしている。永徳寺の通夜堂には、布団も用意されているので畳の上で休むこともできる。

十夜ヶ橋御宝印

本尊　弥勒菩薩
真言　オン　マイタレイヤ　ソワカ
開山　弘法大師
宗派　真言宗御室派
住所　愛媛県大洲市東大洲1808
電話　0893・25・2530

御野宿大師

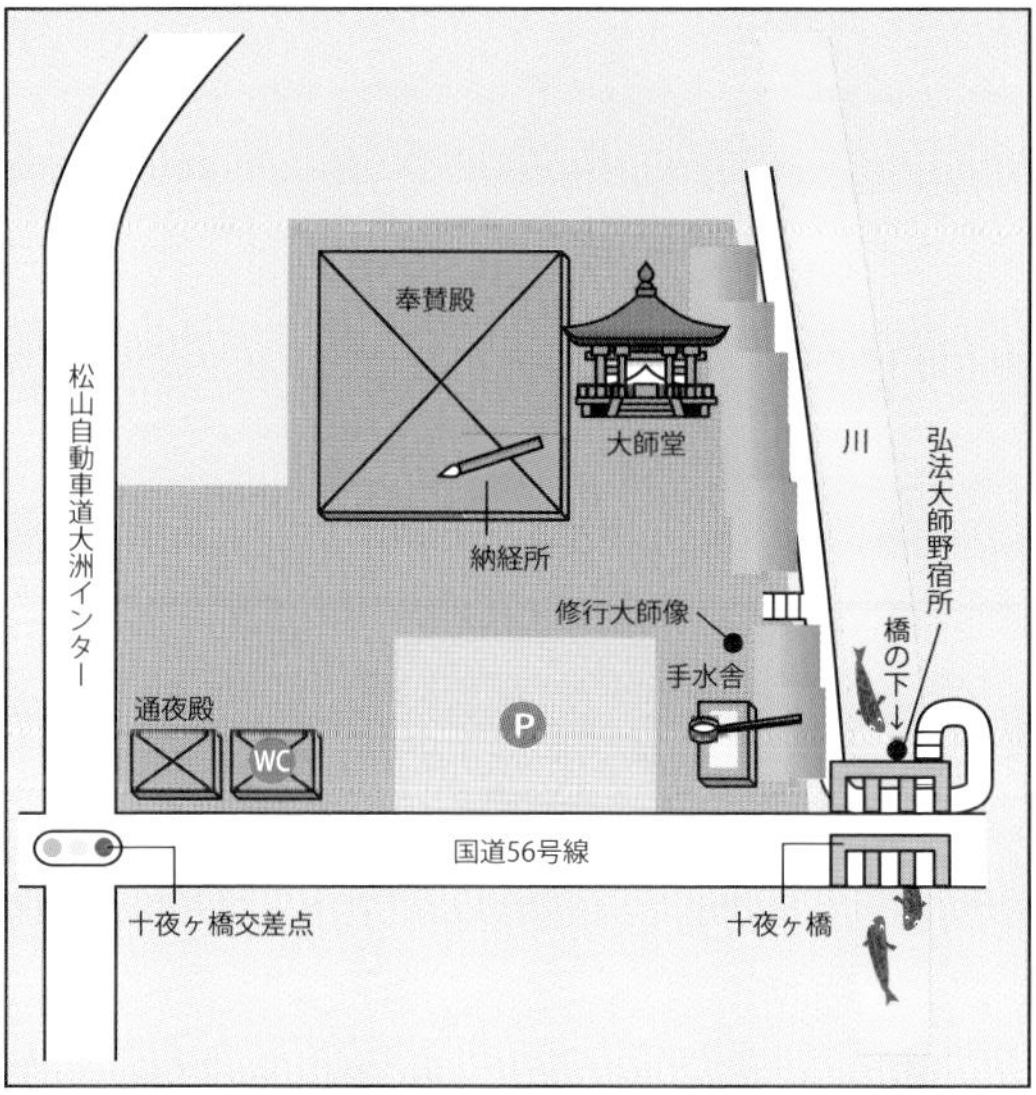

第八番 十夜ヶ橋〈境内図〉

修行大師像裏の川に架かる橋の下で大師が休まれたという

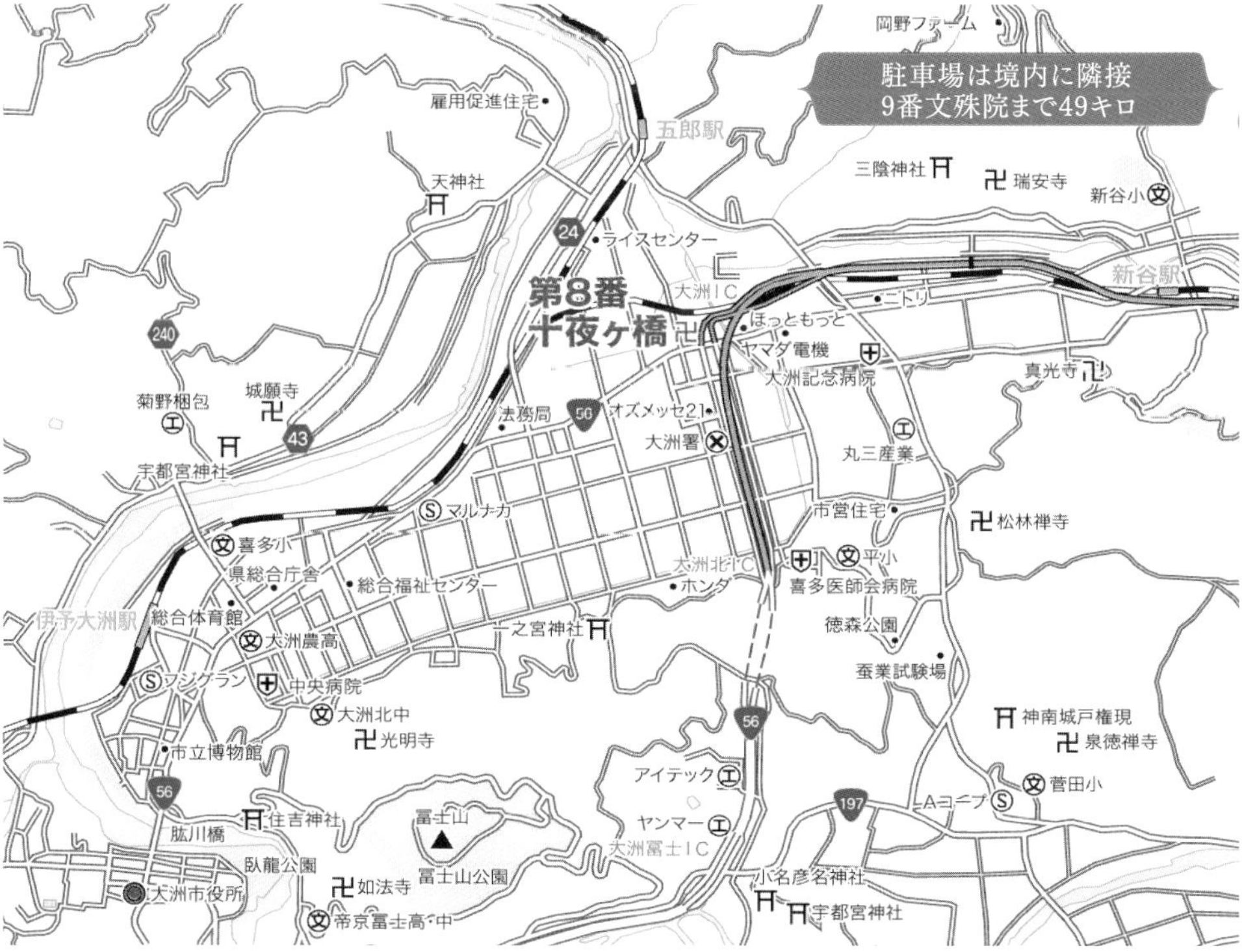

交通　バス・電車　JR伊予大洲駅より7キロ、バス停「十夜ヶ橋」下車すぐ。
　　　車　　　　　松山自動車道大洲IC出入り口交差点東20メートル、国道56号線沿い。

四国別格第九番

文殊院《もんじゅいん》

大法山《だいほうざん》

文殊院本堂、近くに札始大師堂がある

われ人を　すくわんための
先だつに　みちびきたまふ
衛門三郎

文殊院は遍路開祖の衛門三郎ゆかりの寺。弘法大師が当時徳盛寺と呼ばれていた文殊院を訪れ、衛門三郎宅の門前で托鉢を行ったが、三郎はそのつど追い返した。八日目、怒った三郎は大師を竹箒で叩こうとして鉄鉢にあて、鉄鉢は八つに砕けて飛び散る。その翌日から長男、そして子供8人が後を追うように亡くなった。三郎は毎日泣き暮らしたが、旅の僧が弘法大師と知り大師に非礼を詫びるために遍路に出た。これが遍路の始まりと言われる。

四国霊場を八年巡っても弘法大師に会えない。そこで二十一回目は、逆に回れば大師に会えるのではと思い閏年に逆回りを始めた。しかし、長年の疲れか焼山寺の麓で衛門三郎は倒れる。死を目前にした衛門三郎の前に弘法大師が姿を現し「何か願い事があれば一つだけ叶えてあげよう」と告げ、三郎は伊予の国主に生まれ変わったという。後年、衛門三郎旧宅を寺へ移し河野家の菩提所となる。

文殊院御宝印

本　尊　地蔵菩薩　文殊菩薩
真　言　オン　カカカビ　サンマエイ　ソワカ
　　　　オン　アラ　ハシヤ　ノウ
開　山　弘法大師
宗　派　真言宗醍醐派
住　所　愛媛県松山市恵原町308
電　話　089・963・1960

地蔵菩薩

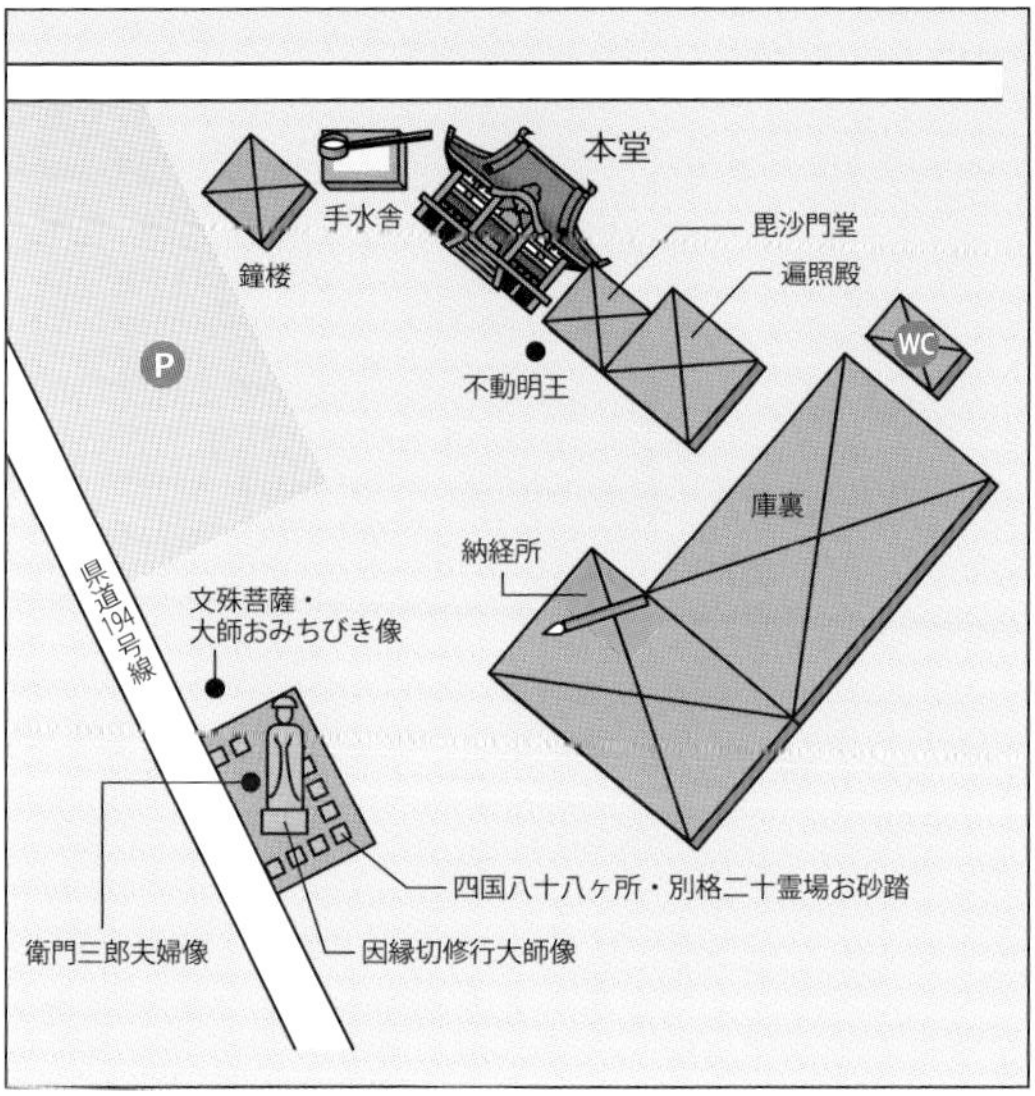

第九番 文殊院〈境内図〉

大師が子供を不憫に思い造ったという八塚群集古墳

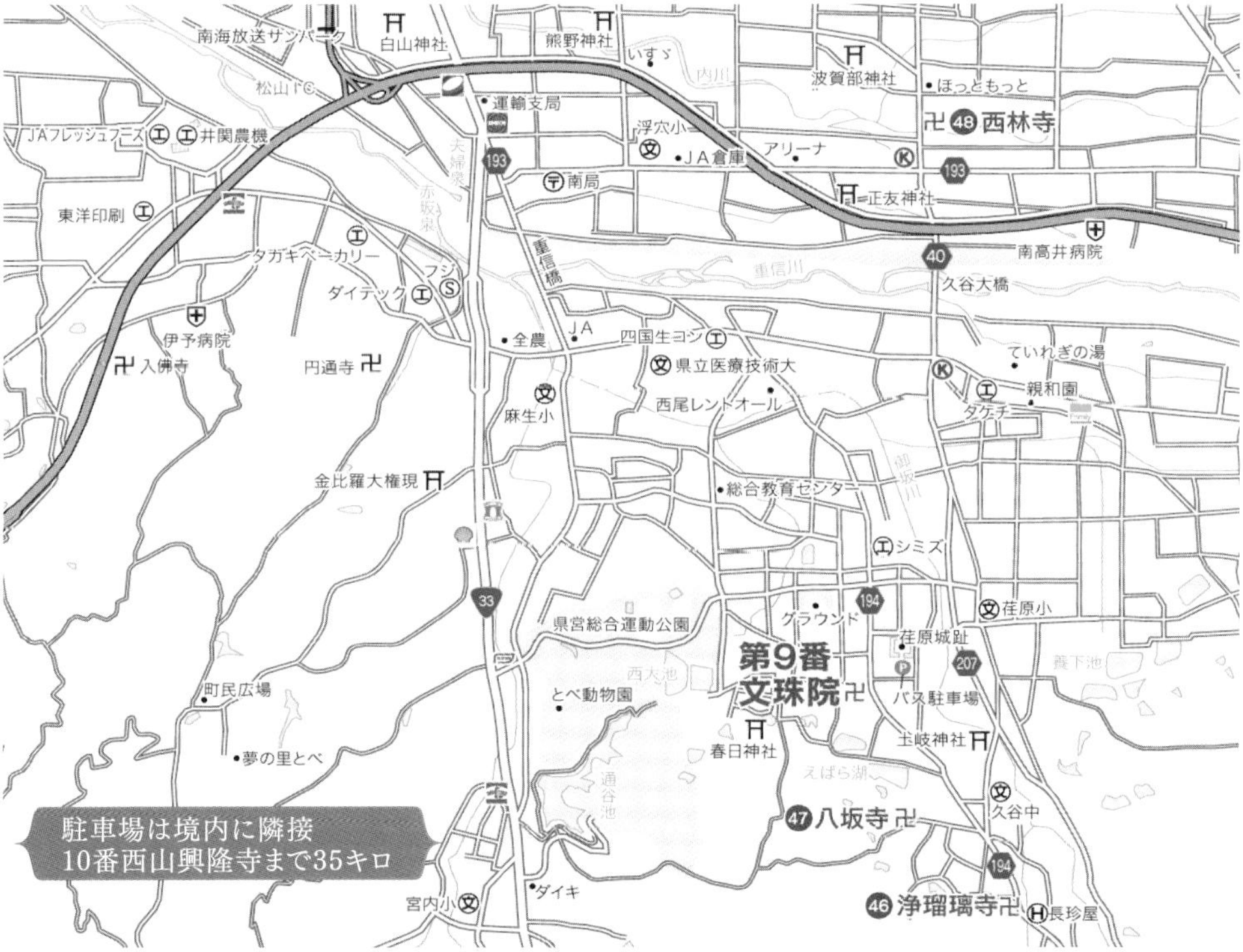

交通	バス・電車	JR松山駅から市内電車で伊予鉄市駅に。伊予鉄市駅から伊予鉄バス砥部・運動公園・砥部動物園行きで「森松」下車、丹波線に乗り換え「恵原公民館前」下車、徒歩2分
	車	松山自動車道松山ICから国道33号線を南下し、森松手前から左の旧道へ。伊予鉄森松営業所前信号を左折、重信川にかかる久谷大橋を渡り県道207号経由で194号線を四国霊場47番八坂寺を目指して行く。

四国遍路の元祖

衛門三郎伝説

別格二十霊場 第九番 文殊院

西暦824年の出来事です。お大師様は、四国霊場最後の巡錫の途中、伊予の国荏原の庄（愛媛県松山市恵原町）に立ち寄られました。その時、1人の童子が、お大師様の前に現れ「お大師様、ありがたい霊場を開くといわれても　誰1人仏の道に入りません。ここに罪深い人が住んでおります。改心させて来世の鑑（先達）にしてはいかがですか」と告げ、何処となく去って行きました。すると突然豪雨になり、お大師様は徳盛寺に宿を請われました。お大師様が、本堂でお経を唱えておりますと文殊菩薩様が現れました。先程の童子は文殊菩薩様の化身で、私を導き教えを下さったとお大師様は悟られたのです。

この村には、大庄屋で悪鬼長者と村人に恐れられている河野衛門三郎が住んでいました。

お大師様は、衛門三郎の門前で托鉢の修行を七日間行いましたが、欲深い衛門三郎はその都度お大師

八塚

八ツ塚群集古墳（松山市指定文化財）　衛門三郎の8人の子供を祀った墓であるとの伝説があり、それぞれの古墳上には小祠が置かれ石地蔵が祀られている。

様を追い払いました。翌日も同じように門前に立つと、激怒した衛門三郎が竹箒でお大師様を叩いたので、手に持っていた鉄鉢が落ちて八つに割れ、八つの光明を放ちながら南の空に飛んでいきました。すると山の中腹から紫雲が湧き出し、それを感得したお大師様が山に登ると八つの窪みがあり錫杖でご祈念しました。すると、一番目の窪みからは風が吹き、二番目、三番目の窪みから清水が湧き出て来ました。この霊水を八降山八窪弘法大師御加持水として今も涸れることなく、文殊院の山中に湧出しています。

衛門三郎には、5人の男の子と3人の女の子がいました。お大師様を叩いた翌日から、長男が熱を出して亡くなり、後を追うように次男も病で亡くなりました。こんな日々が毎日続き、八日の間に8人の子供たちを全て失い衛門三郎は毎日泣き暮らしていました。ある日、お大師様は罪の無い子供たちを不憫に思い、山の麓に行き手に持つ錫杖で土を跳ねると、土が大空高く飛んで墓の上に積み重なっていきました。(この墓が八塚と呼ばれ、文殊院の境外地に

衛門三郎と妻の石像

文殊院境内で遍路を迎える衛門三郎と妻の石像。

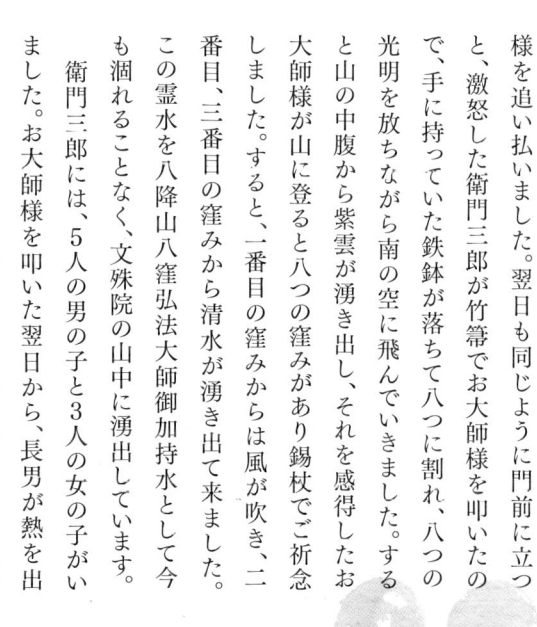

杖杉庵

杖杉庵　衛門三郎霊跡
小石を左手に光明世界へ導かれる衛門三郎、天長八年十月二十日と伝えられる。

松山市の文化財に指定されている）お大師様は、文殊院にて衛門三郎八人の子供菩提供養の為に、延命子育地蔵菩薩様と自分の姿を刻み供養をしました。又、法華経一字一石を写され、5番目の子供の塚に埋め、子供の供養を行なって文殊院を後に旅立ちました。

ある晩のことです。衛門三郎の枕元に「汝8人の子供が亡くなったのは、汝の罪悪が深い為に亡くなった。一心に四国寺院を巡拝しなさい、その時私が会って汝の罪を許してあげよう、夢々うたがってはいけません」とお大師さまが夢枕に立たれました。衛門三郎は子供の位牌の前で、妻に「お大師様に会って罪を許していただくまでは家に帰りません」と水盃で別れを告げました。

白衣に身を包み、手には手甲、足には脚絆、頭には魔除けの笠をかぶり、右の手に金剛杖を持って住み慣れた我が家を後に旅立ちました。

衛門三郎は、文殊院にお大師様を訪ねて来ましたが、旅立ったあとでした。紙に自分の住所、氏名、年月日を書き、お大師様がこの札を見ると衛門三郎がお参りした事がわかりますようにと、お札をお堂に貼りました。（このお札を『せば札』といい、現在のお納札のいわれです）。それからは、ただひたすら弘法大師様のあとを慕い歩き続けました。それでも、お大師様と会うことが出来ません。雨にも負けず、風にも、雪にも負けず難行苦行の毎日です。やがて、八年の歳月が経ちました。その間、歩き続けて四国寺院を二十回しか巡る事ができませんでした。それでもお大師様に巡り会えません。西暦832年(閏年)に、徳島の切幡寺から逆に巡るとお大師さまに会えると思い逆回りを始めました。

自分の家の前に帰って来た時、茶店で一休みしていると、子供の墓から煙が立ちのぼっていました。茶店の婆さんに尋ねると、衛門三郎に衛門三郎さんの話をして聞かせました。「奥さんは家や田畑を村人に施して、三番目の塚に小屋を建て、子供の供養をしながらご主人の帰りを待っていたが、ふとした病がもとで亡くなったので村人が野辺の送りをしている所です」と話した。家に帰って一目妻に会って別れをしたいと思ったが、「ここで帰ると今までの苦労が無駄になる」と心に言い聞かせ、その夜、墓の前で手を合せて村人に見られないように旅立ちました。

徳島県の焼山寺の麓へ差し掛かると疲労で足腰立たず、倒れてしまいました。ここまで、一心にお大師さまを頼りとして巡拝したが会えなかった。このま

宝物館 三郎石

衛門三郎伝説の再生石は、第五十一番札所石手寺の宝物館で保管されている

ま死んでしまうのかと、嘆き悲しんでおりました。「衛門三郎殿、衛門三郎殿」という声に目を見開くと、8年前に追い返したお大師様が立っておられました。

お大師様は、「よくここまで歩んで来ましたね、今までの罪はもう無くなっています。しかし、貴殿の生命はもう尽きようとしています。何か願い事が有るならば一つだけ、叶えてあげましょう」と言われました。衛門三郎は「できる事でしたら、一国のお殿さまの嫡男に生まれ変わらして下さい」と頼みました。お大師さまが、小石に「衛門三郎再来」と書き手に握らせますと、衛門三郎は安心して亡くなりました。

お大師様は、衛門三郎が持っていた金剛杖を墓の上に逆に立てご供養いたしました。後に、この杖から芽が出てきて大きな杉の木になりました。（現在、杖杉庵に2代目の杉の木が生えています）

お大師さまは、文殊院に衛門三郎のお位牌を持って来られ、子供のお位牌と一緒に本堂で衛門三郎家の悪い先祖の因縁を切るために、因縁切りの法を厳修しました。

しばらくたった、ある日のことです。伊予の豪族、河野伊予守左右衛門介越智息利候の奥さんが妊娠し、玉のような男の子が誕生しました。名前を、息方君と名付けました。

しかし、若君の右の手がいくらたっても開きません。若君三歳の春の事です。桜の花見の席で越智息利候が南の文殊院に向かって両手を合せ「南無大師遍照金剛」と三辺お唱えになりました。すると、右の手がぱっと開き、その手の中から小さな玉の石が出て来ました。家臣が拾って見ますと、「衛門三郎再来」と書かれていました。その石は安養寺へ奉納され、この所縁により安養寺は石手寺と改められました。やがて若君は、立派に成長して国司となり伊予の国を治めました。

文殊院
八塚群集古墳

興《こう》隆《りゅう》寺《じ》

西《にし》山《やま》

文中4年(1375年)に再建された本堂は、和・唐様折衷式の単層四柱造銅板葺き重要文化財指定

み佛の　法の御山の法の水　流れも清くみゆるぎの橋

飛鳥時代、人皇第三十五代極天皇(642~45)の頃に創建された古刹。インドから雲に乗って日本に来たという空鉢上人の開基。養老年間(717~24)に行基菩薩が訪れ、千手観音菩薩を刻んで安置し、後に報恩大師、弘法大師が入山。延暦年間に桓武天皇(781~806)の勅願寺となり七堂伽藍を整えたと伝わる。

紅葉の名所「西山興隆寺」は、秋になると多くの紅葉狩り客や写真愛好家が訪れる。境内への入口となる御由流宜橋は弘法大師が青年の頃、橋のたもとで「み佛の法の御山の法の水流れも清くみゆるぎの橋」と詠まれたという。この橋は、橋板の裏に経文が書かれているので無明から光明への懸け橋といわれる。石段が続く参道には、源頼朝公が本堂再建の時、資材を運搬し続けた牛がこの地に倒れ、村人が牛に似た石で葬った「牛石」がある。城壁を想わせる石垣は、文化三年(1806)松山藩寺社奉行によって普請、築城方式による石積。

興隆寺御宝印

本尊　千手観音菩薩
真言　オンバザラ　タラマ　キリク
開山　空鉢上人
宗派　真言宗醍醐派　別格本山
住所　愛媛県西条市丹原町古田1657
電話　0898・68・7275

千手観音菩薩

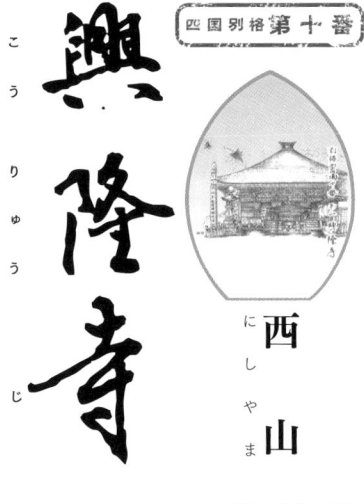

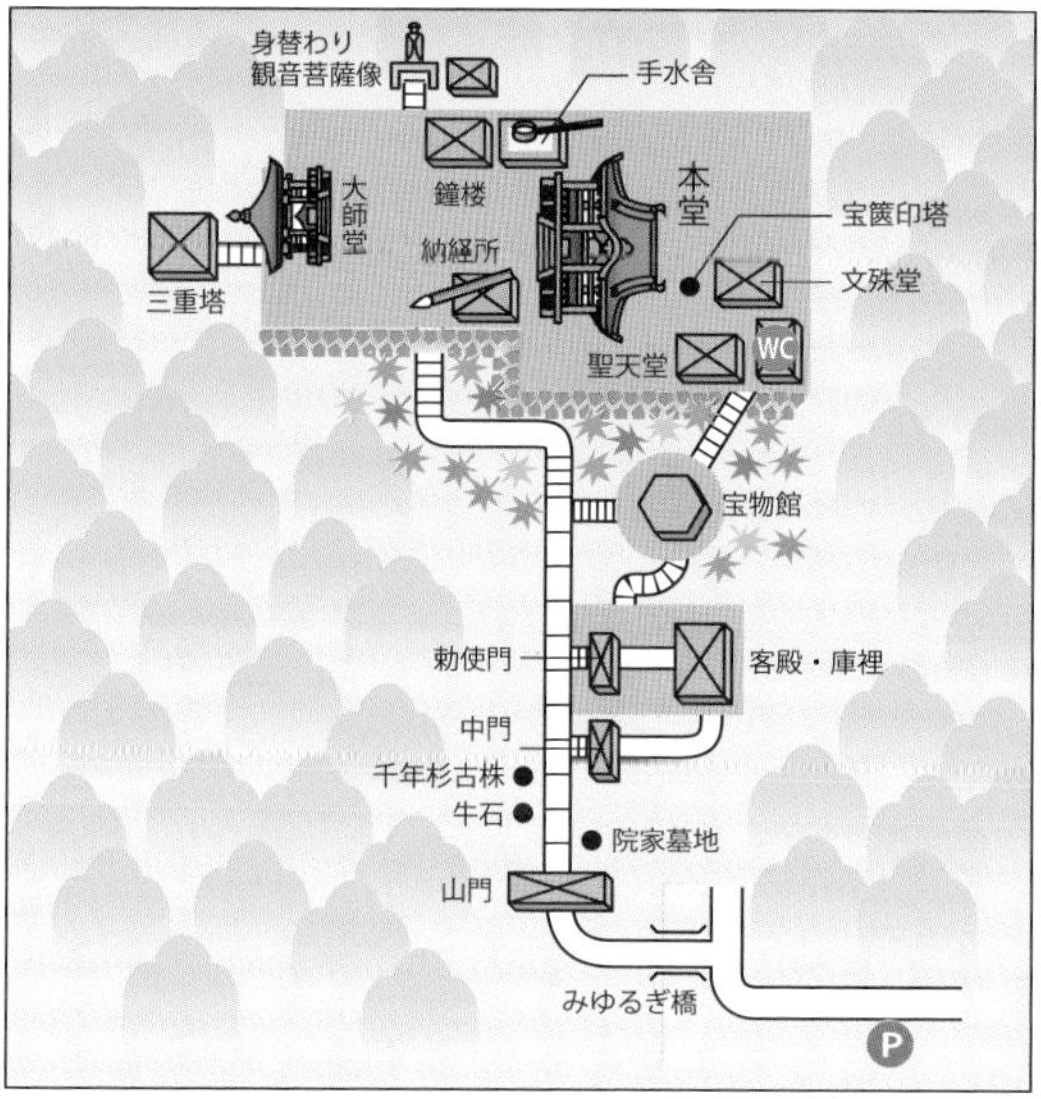

第十番 興隆寺〈境内図〉

無病息災、病気平癒、除災開運を祈念する身代り不動尊

交通　電車　JR予讃線壬生川駅から約8キロ
　　　車　　松山自動車道伊予小松ICから国道11号線大頭の信号を北上。

四国別格第十一番

生木地蔵《いきじぞう》

本坊正善寺《ほんぼうしょうぜんじ》

「生木のお地蔵さま」と呼ばれ崇拝されてきた正善寺

一夜にて　願いを立つる
みこころは　幾代かはらぬ
楠のみどりば

弘法大師が四国霊場を開くために巡錫していた時、四尾山の麓で一夜を過ごした。その夜のこと、山の南方が光り輝いて楠の大木に童子が現れた。これを見た大師は「童子の化身を以て我に示し給う」と感得され、その霊木に延命地蔵大菩薩を刻んだ。あと少しで完成という時、天邪鬼が鶏の鳴き声を真似て夜明けを告げたため、大師は片方の耳を彫り残したまま立ち去ったと伝わる。

大師が生きた木に刻んだので生木地蔵と呼ばれ、大師が片耳を彫り残したことから、生木地蔵は肩から上の病に霊験あらたかと伝わり信仰を集めている。昭和二十九年九月二十六日洞爺丸台風の倒れるまで、本堂と大師堂の間に立っていたが大師自作の地蔵菩薩は損壊せず、昔日の姿のまま本堂に安置している。標高60メートルの四尾山を背に、小ぢんまりとした境内の正面に本堂、その右に大師堂。左には倒れた楠の霊木が横たわる。

生木地蔵御宝印

本尊　生木地蔵菩薩
真言　オン　カカカビ　サンマエイ　ソワカ
開山　弘法大師
宗派　高野山真言宗
住所　愛媛県西条市丹原町今井1411-1
電話　0898・68・7371

生木地蔵大菩薩

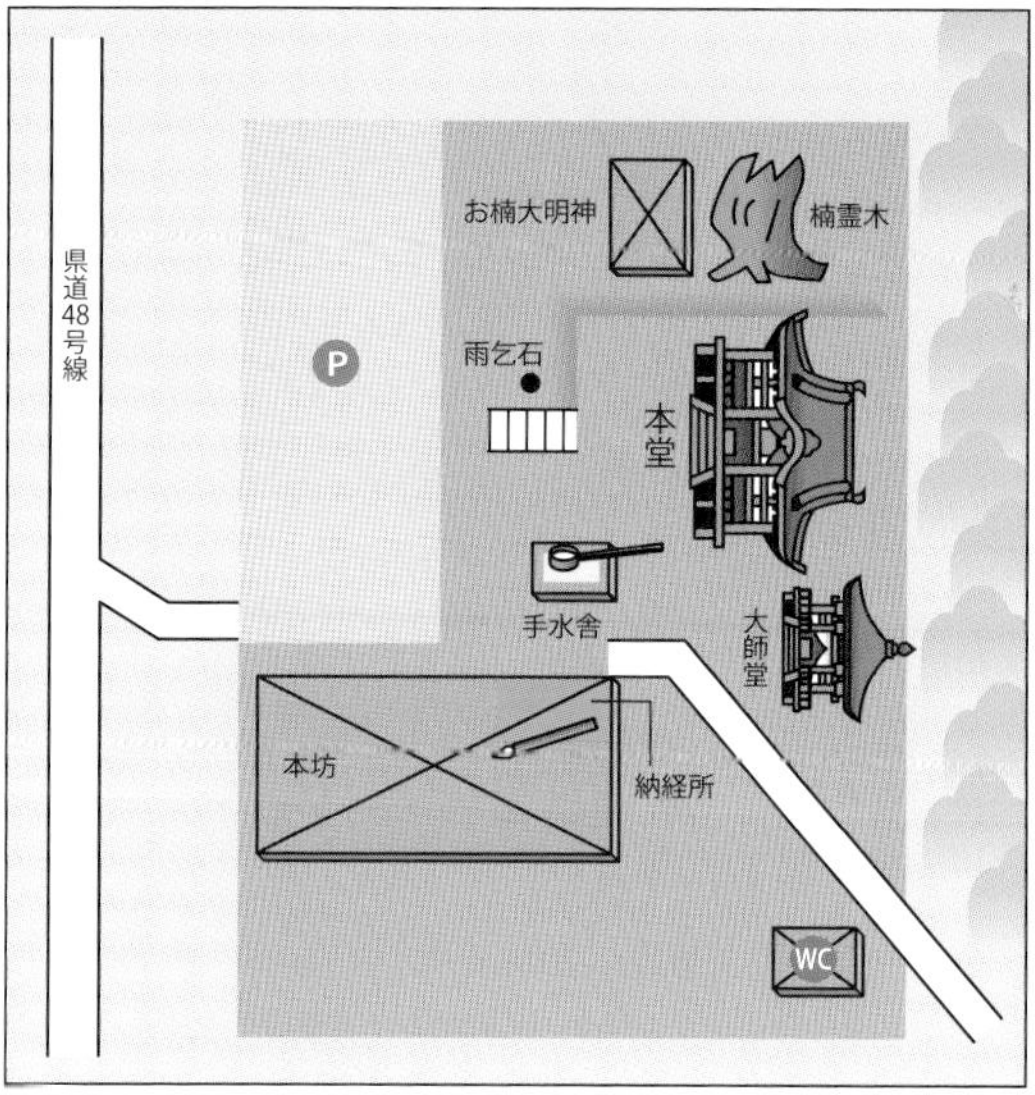

第十一番 生木地蔵〈境内図〉

本堂の横に祀られる、昭和29年の洞爺丸台風で倒れた霊木

交通　電車　バス　JR予讃線壬生川駅から、瀬戸内バス湯谷口行きバス停「生木前」下車すぐ
車　松山自動車道伊予小松ICから国道11号線大頭の信号を北進、3キロ先の今井交差点を左折。

四国別格第十二番

延《えん》命《めい》寺《じ》

誓松（いざり松）

民家のなかに佇む延命橋と本堂、左に大師堂・納経所がある

千代かけて　誓いの松の
ほとりこそ　なほありがたき
法の道かな

弘法大師が四国巡錫の際、延命寺（当時は四つ辻にある庵）を訪れ、衆生済度を誓われて一本の松を植えられた。その時、足の不自由な病難者が大師に近づいて病苦を訴えた。大師はその様子を憐れんで「千枚通し」という霊符を創札され、一枚を授けて加持すると霊験により、たちまちにして全快したと伝わる。大師が植えられた松は、直径五メートル、枝張りが東西三十メートル、南北二十メートルに及んだ。地面に大きく枝を広げた笠のような形から「土居のいざり松」と呼ばれ地元の人々に親しまれてきたが、昭和四十三年（1968）に枯れてしまい巨木の幹が保存されている。

延命寺の境内は、真ん中を小川と道路が通り、本堂・大師堂が建つ区域といざり松と東屋が並ぶ区域に分かれている。千枚通しの霊符は、大師堂にある納経所で授与している。霊符を朝な夕な至心に祈念し頂けば、諸々の病苦を除き、安産にもご利益があると伝わる。

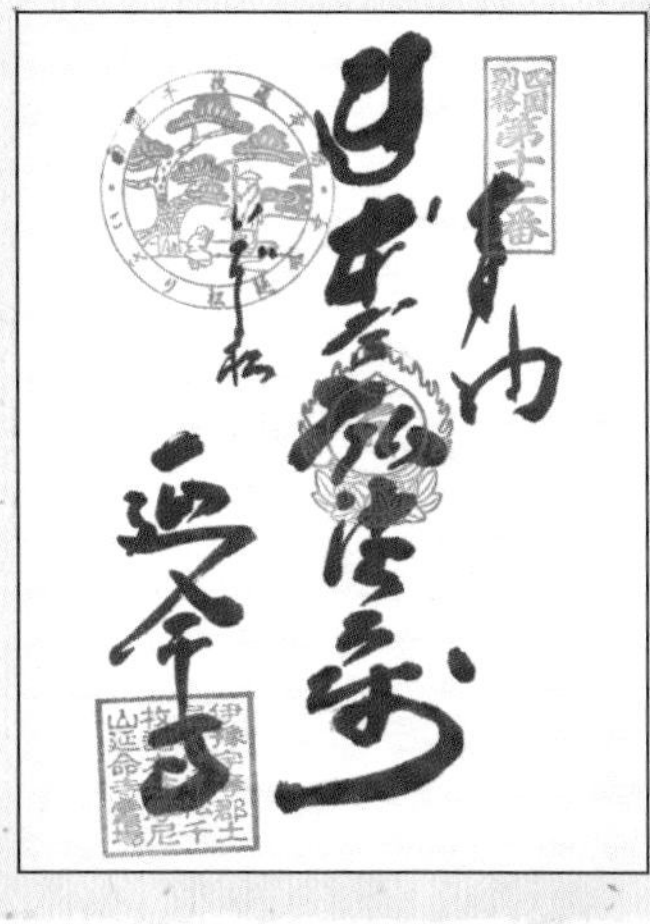

延命寺御宝印

本尊　延命地蔵菩薩
真言　オン　カカカビ　サンマエイ　ソワカ
開山　行基菩薩
宗派　真言宗御室派
住所　愛媛県四国中央市土居町土居895
電話　0896・74・2339

誓松 千枚通本坊大師

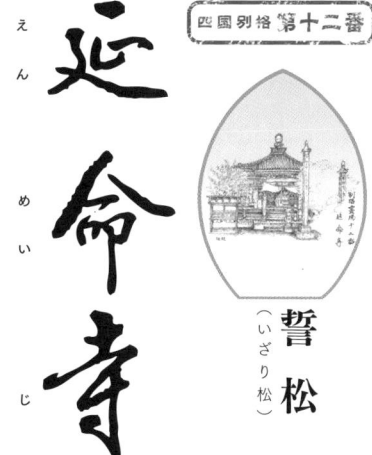

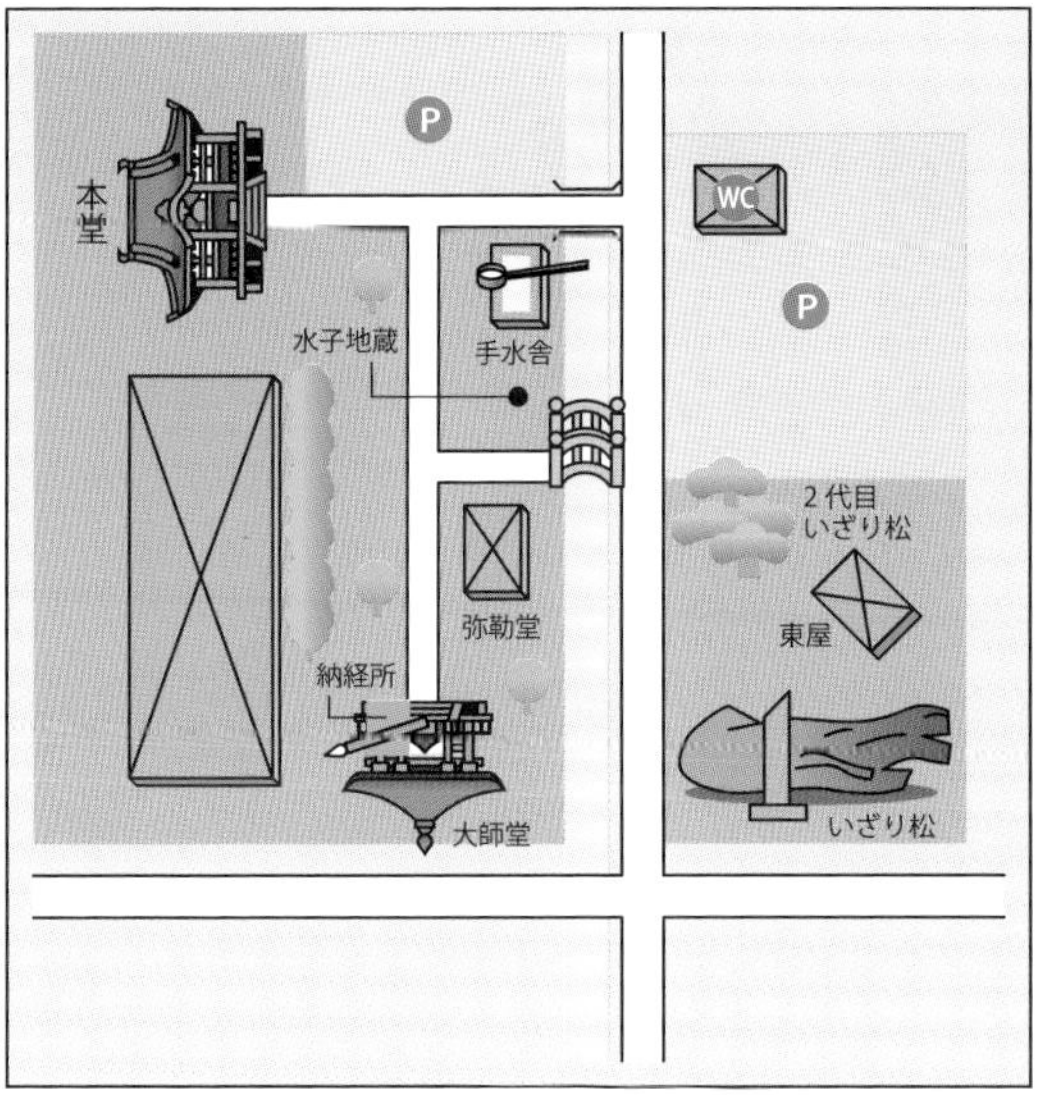

第十二番 延命寺〈境内図〉

建物の中に入り大師堂にお参りする、納経所・販売所を兼ねる

交通　電車　JR予讃線伊予土居駅から700メートル
　　　車　　松山自動車道新居浜ICから国道11号線を高松方面へ約10km東進。
　　　　　　寺の標識のある交差点を北進200メートル。

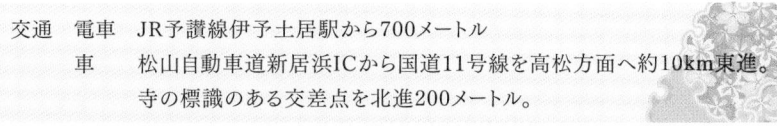

四国別格第十三番

仙龍寺《せんりゅうじ》

金光山《きんこうざん》

靴を脱いで本堂へ、納経所とお守り授与所も堂内に

**極楽は　他にはあらぬ
この寺に　御法の声を
きくぞうれしき**

嵯峨天皇の弘仁六年（815）、弘法大師が四十二歳の時に入山され、修行中の法道仙より修験道の行場である霊山を譲り受けた。大師は金剛窟に瀧沢大権現と開運不動尊を勧請して、息災の護摩壇を築き、朝夕「清めの瀧」で心身を浄め「開運厄除」「虫除五穀豊穣」の二つの請願をたて、金剛窟に籠もり二十一日間の護摩修行を行った。護摩修行成満の後、自らの姿を彫刻して安置。それが「厄除大師」「虫除大師」と呼ばれる仙龍寺の本尊で、諸国から四季を通じて登山参籠する者が絶えず、秋になると色鮮やかな紅葉が境内を染める。

四国八十八カ所六十五番三角寺から約四キロ、仙龍寺は垂直にそそり立つ山肌に張りつくように佇む。荘厳な建物が木々の合間に見え、険俊な山崖を断ち割るかのように谷川が流れ、川の両側が仙龍寺の参道。左の道は車道も兼ねており、樹齢八百年の大杉の間を上りきると本堂前の広場に至る。

仙龍寺御宝印

本尊　弘法大師
真言　南無大師遍照金剛
開山　法道仙人
宗派　真言宗大覚寺派
住所　愛媛県四国中央市新宮町馬立1200
電話　0896・72・2033

弘法大師

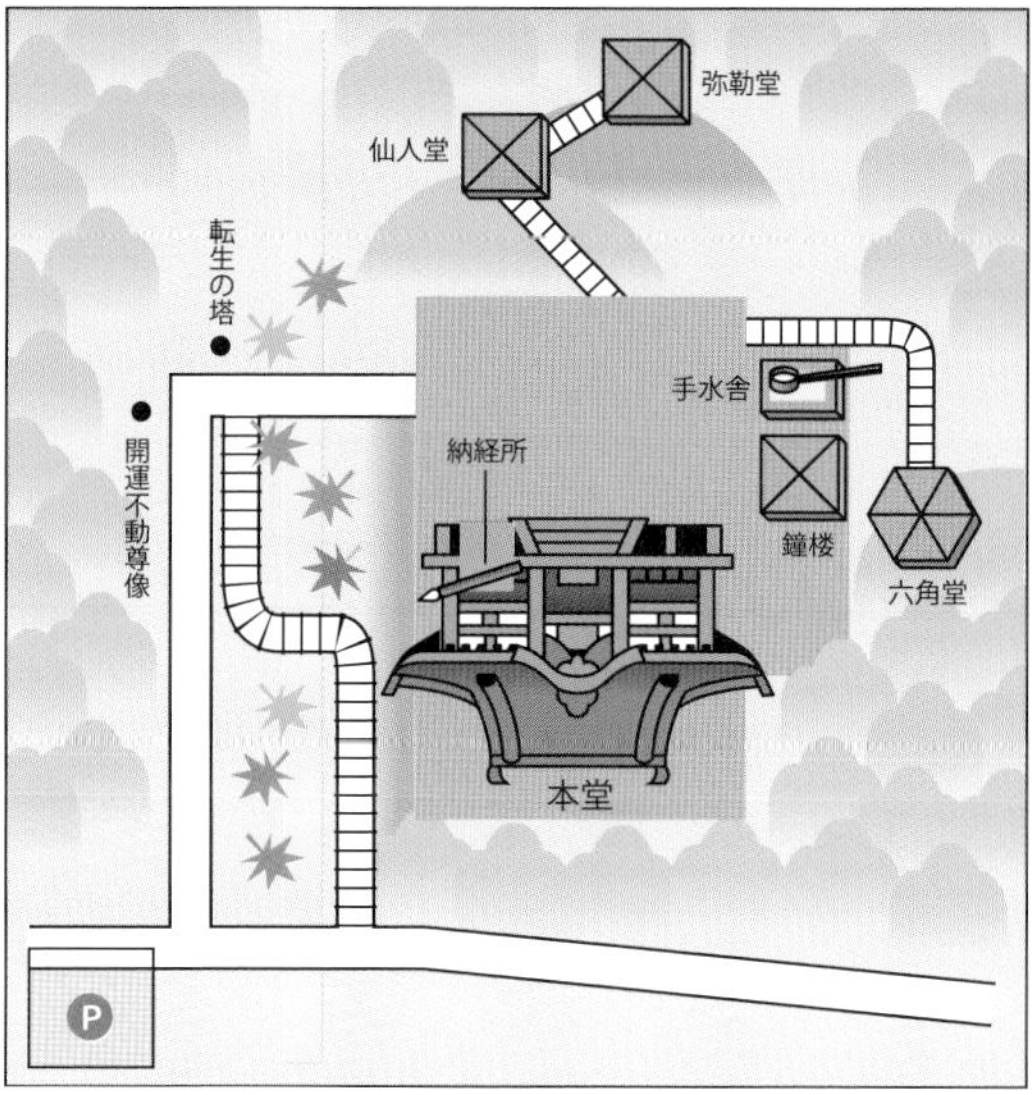

第十三番 仙龍寺〈境内図〉

岩肌を背に開運不動尊像、広場を囲むように堂宇が建つ

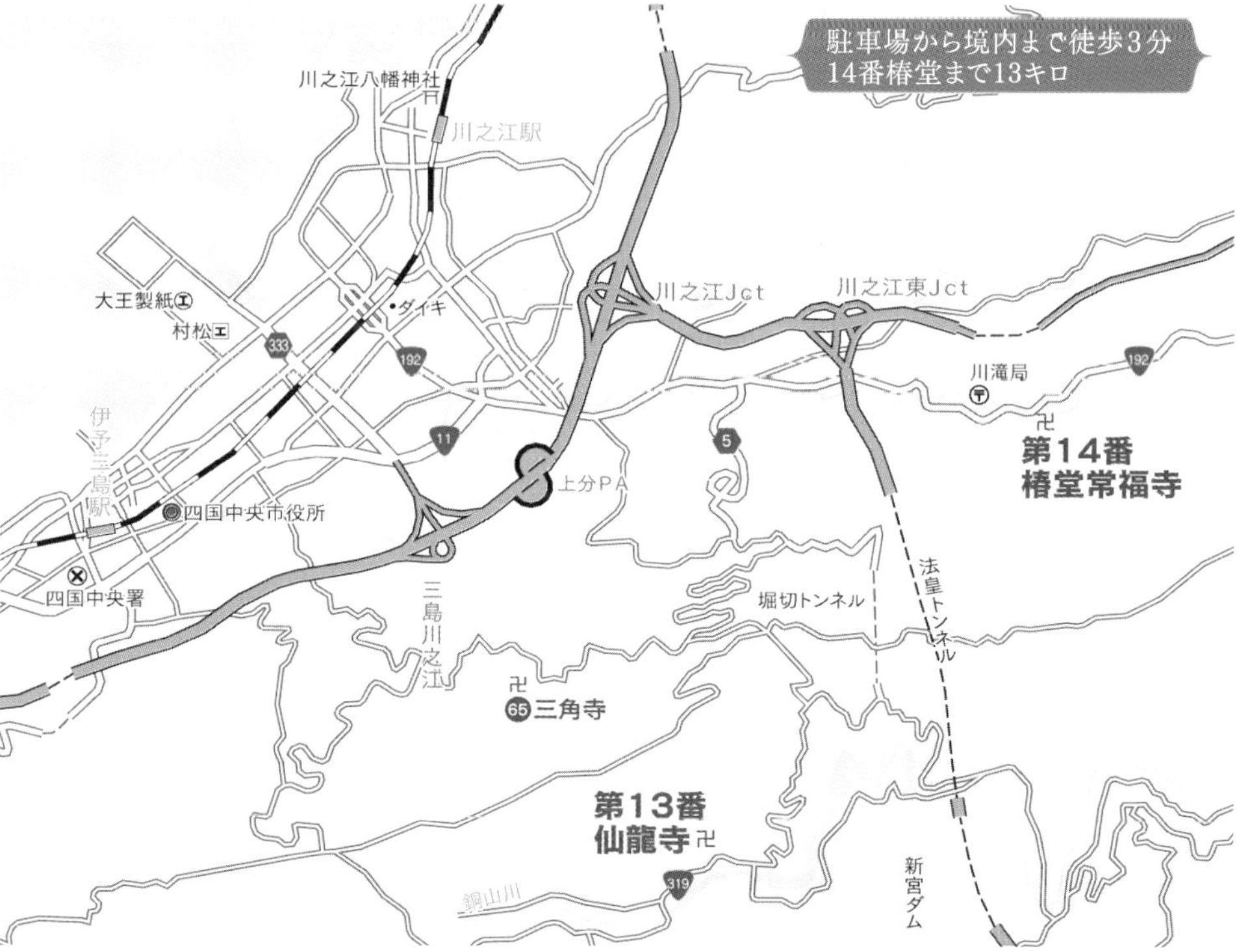

交通　タクシー　JR予讃線川之江駅から16キロ
　　　車　　　　松山自動車道三島川之江ICから国道192号線を徳島方面へ。
　　　　　　　　川之江市半田より川之江大豊線で堀切トンネルを抜け、標識に従い銅山川沿いに国道319号線を進む

四国別格第十四番

椿《つばき》堂《どう》

常福寺《じょうふくじ》

本堂の前に不動明王像や修行大師像が並び遍路を迎える

立ち寄りて　椿の寺に　やすみつつ　祈りをかけて　弥陀をたのめよ

大同二年（807）に邦治居士がこの地に庵を結び、地蔵尊を祀ったのが始まりと伝えられる。弘仁六年（815）十月、巡錫中の弘法大師がこの庵を訪れた時、この地方に悪い熱病が流行して村人を苦しめていた。それを知った大師は、村人を庵に集めて手にしていた椿の杖を土にさして祈祷し、熱病を杖とともに封じ込めて去って行った。後に土中に封じた椿の杖から芽が出て、大樹に成長。これこそ病を封じて去った大師の霊徳を現すものに他ならないと、この椿を「大師お杖椿」として尊び、この庵を椿堂と呼びこの地方の地名となった。

後に椿堂は近くの石川在にあった常福寺が火災に遭って伽藍が焼失した際に、移転を受け入れて再興し、「椿堂　常福寺」として今日に至る。日本画の巨匠・川端龍子が1950年から始めた四国八十八カ所遍路の途中、愛媛県生まれの俳人・深川正一郎の案内で椿堂を訪れ、お杖椿を描いて奉納した。

椿堂御宝印

本尊　延命地蔵菩薩　大聖不動明王
真言　オン　カカカビ　サンマエイ　ソワカ
ノウマクサンマンダ　バザラダン　センダ
マカロシャダ　ソワタヤ
ウンタラタ　カンマン
開山　邦治居士
宗派　高野山真言宗
住所　愛媛県四国中央市川滝町椿堂
電話　0896・56・4523

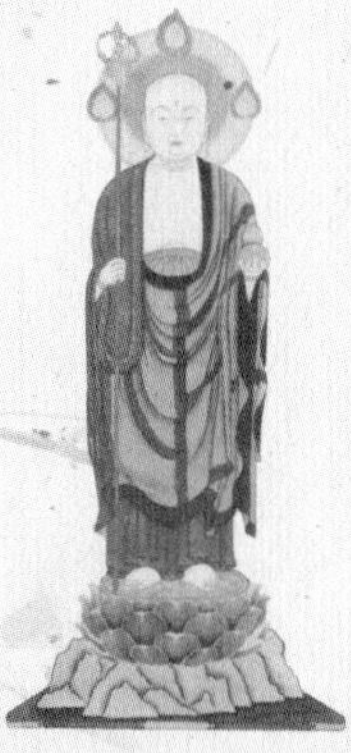
延命地蔵菩薩

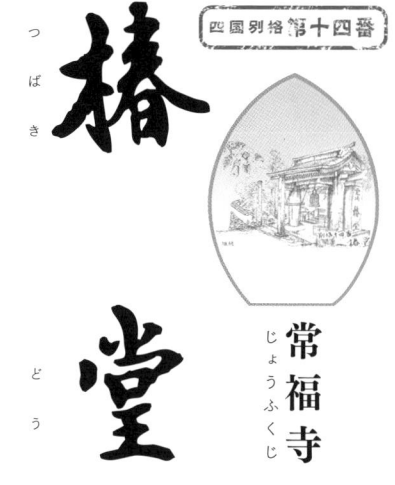

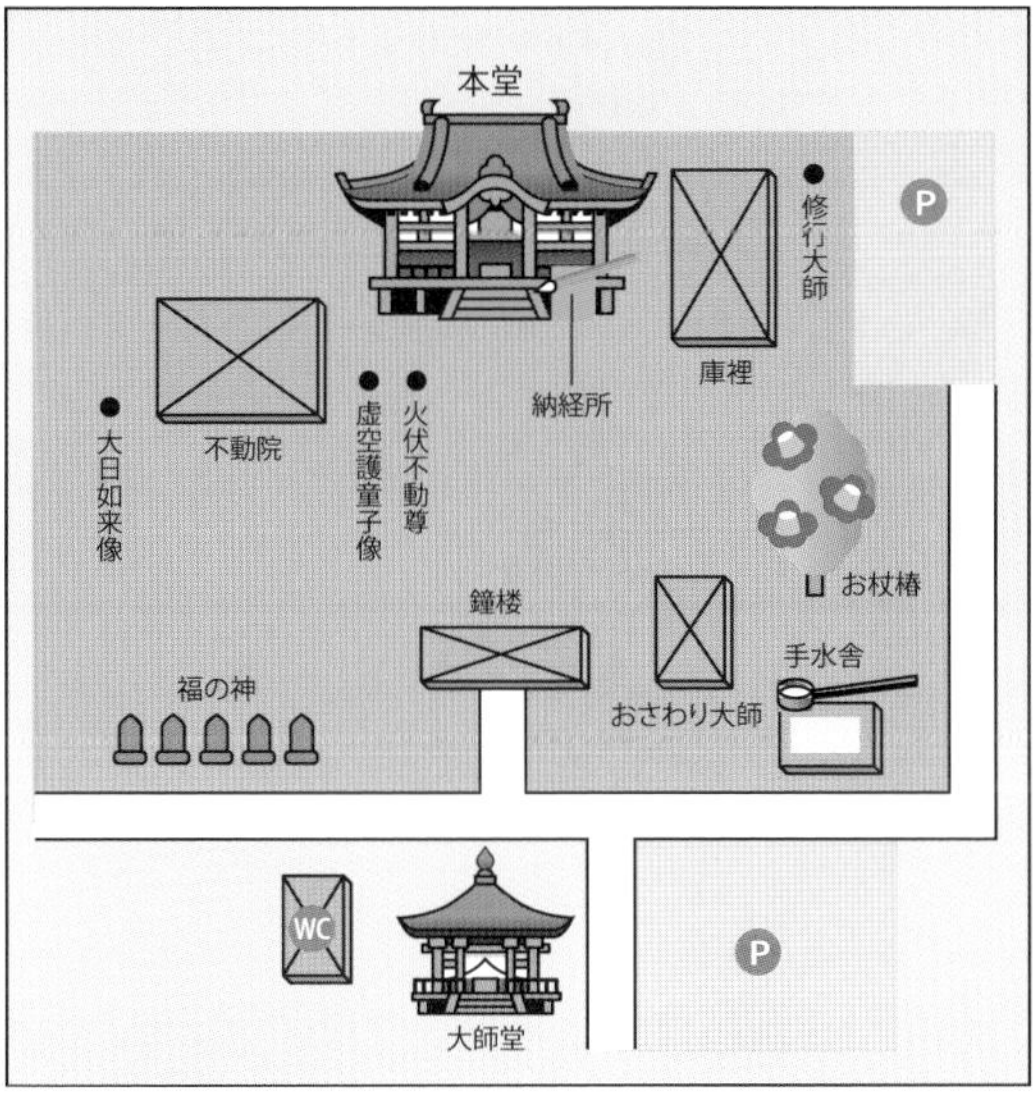

第十四番 椿堂〈境内図〉

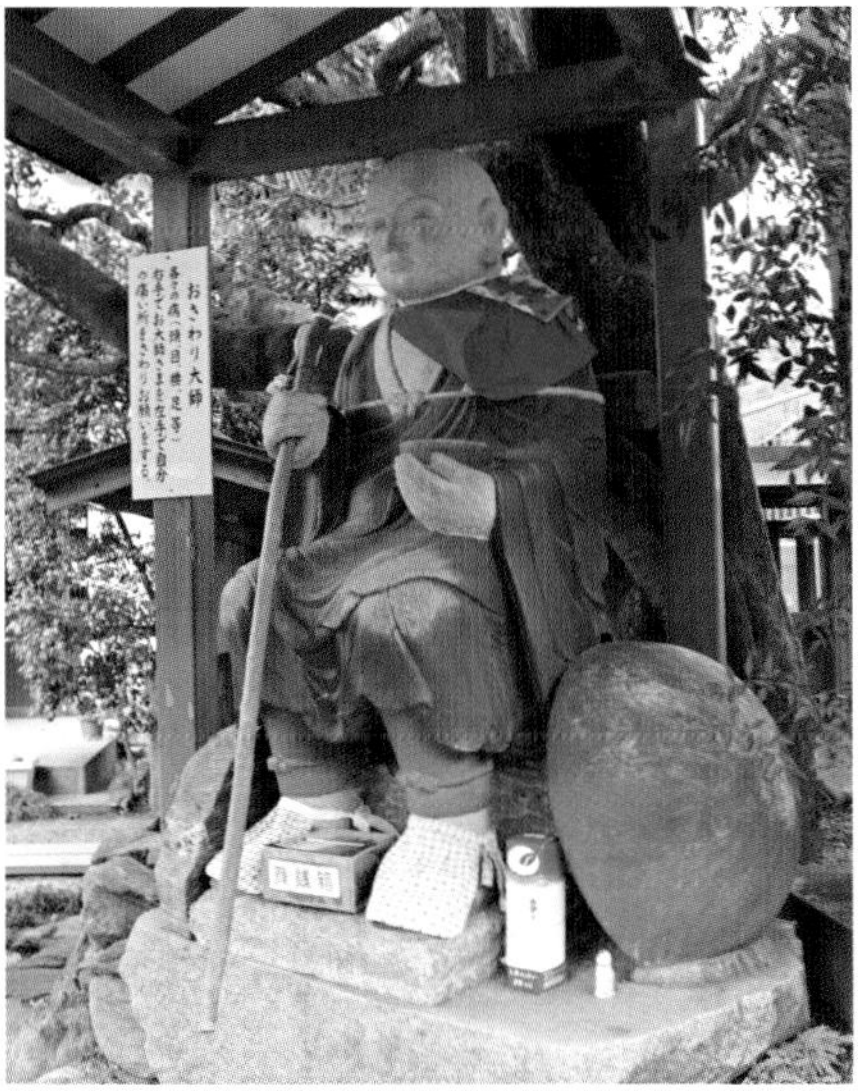

右手で大師像、左手で自分の痛い所をさすり病気平癒を願う「おさわり大師」

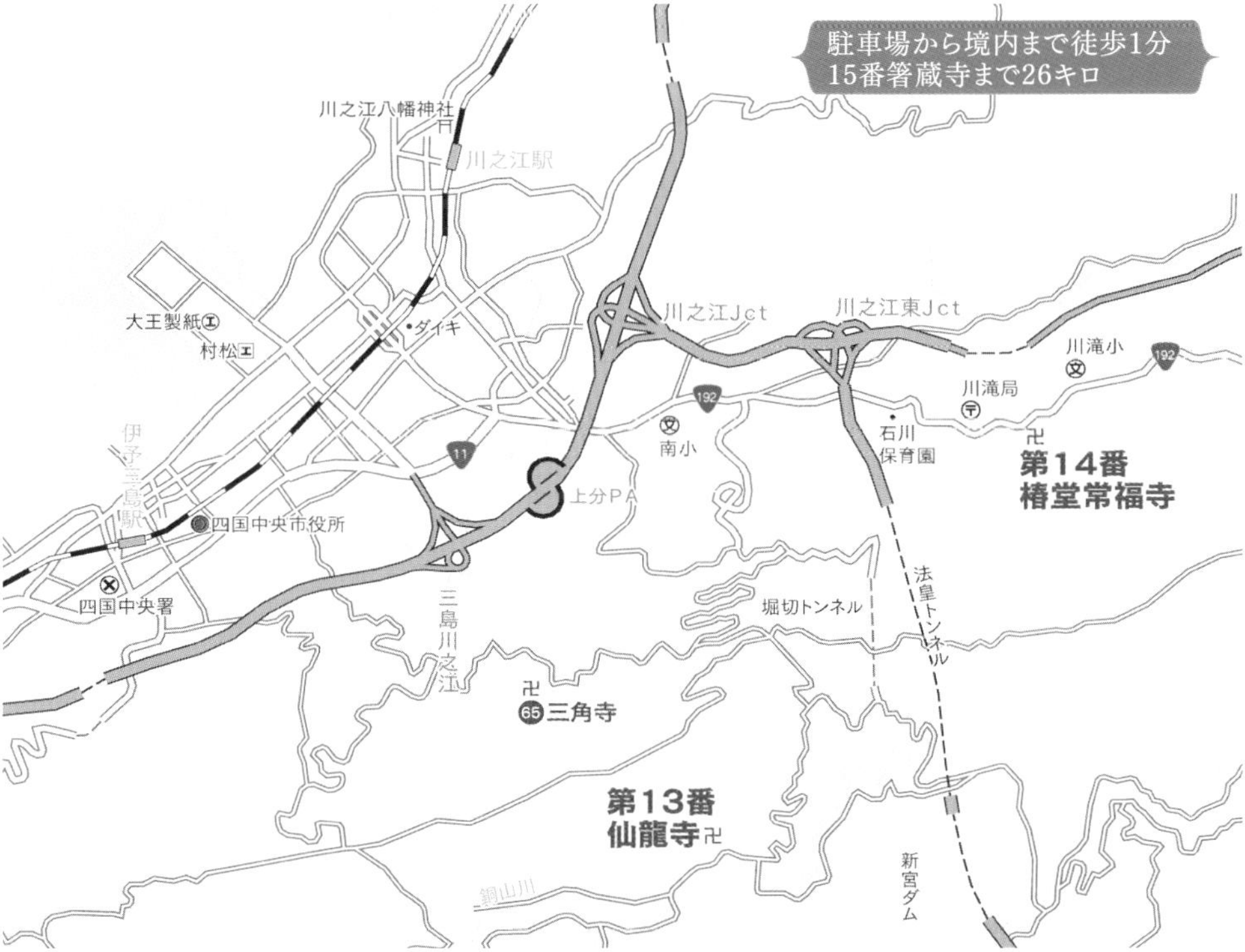

交通　タクシー　川之江駅からタクシーで約15分。

　　　車　　　　松山自動車道三島川之江ICから国道192号線出て約10分(標識あり)。

四国別格第十五番

箸蔵寺《はしくらじ》

宝珠山《ほうしゅざん》

仏教と神道が一体となっていた時代の様相を色濃く残す本殿

ことの尊き　今もなほ　箸運ぶてふ　いその神　ふりにし世より

天長五年（828）にこの地を訪ねた弘法大師は、箸蔵の山頂に漂う不思議な瑞気に導かれて入山したところ、金毘羅大権現に巡り合い「箸を挙ぐる者、我誓ってこれを救わん」と神託を授かった。「箸を使う者を救う」とは「全ての人を救う」という意味。感得した大師は、神像を刻んで本尊とし、七堂伽藍を建立して箸蔵寺を開創した。以来千有余年の法灯を継ぎ「金毘羅奥の院」として金毘羅信仰の中心として、全国より参拝者が訪れている。

ロープウエイ箸蔵寺駅の前に本坊があり、納経所の角を回ると正面に荘厳な護摩殿が建つ。入母屋造りの外陣と宝形造の奥殿を切妻造の内陣で繋いだ複合社殿形式。護摩殿横から石段を上がれば本殿に至り、その間に建つ鐘楼、薬師堂、天神社、そして本殿の全てが国指定重要文化財。本殿は安政元年（1854）以降に着工され、全てが完了したのは明治初頭。護摩殿と同じ複合社殿形式で全国的にも最大級の規模を有している。

箸蔵寺御宝印

本尊　金毘羅大権現
真言　オン　クビラヤ　ソワカ
開山　弘法大師
宗派　真言宗御室派
住所　徳島県三好市池田町州津蔵谷1006
電話　0883・72・0812

開山　弘法大師

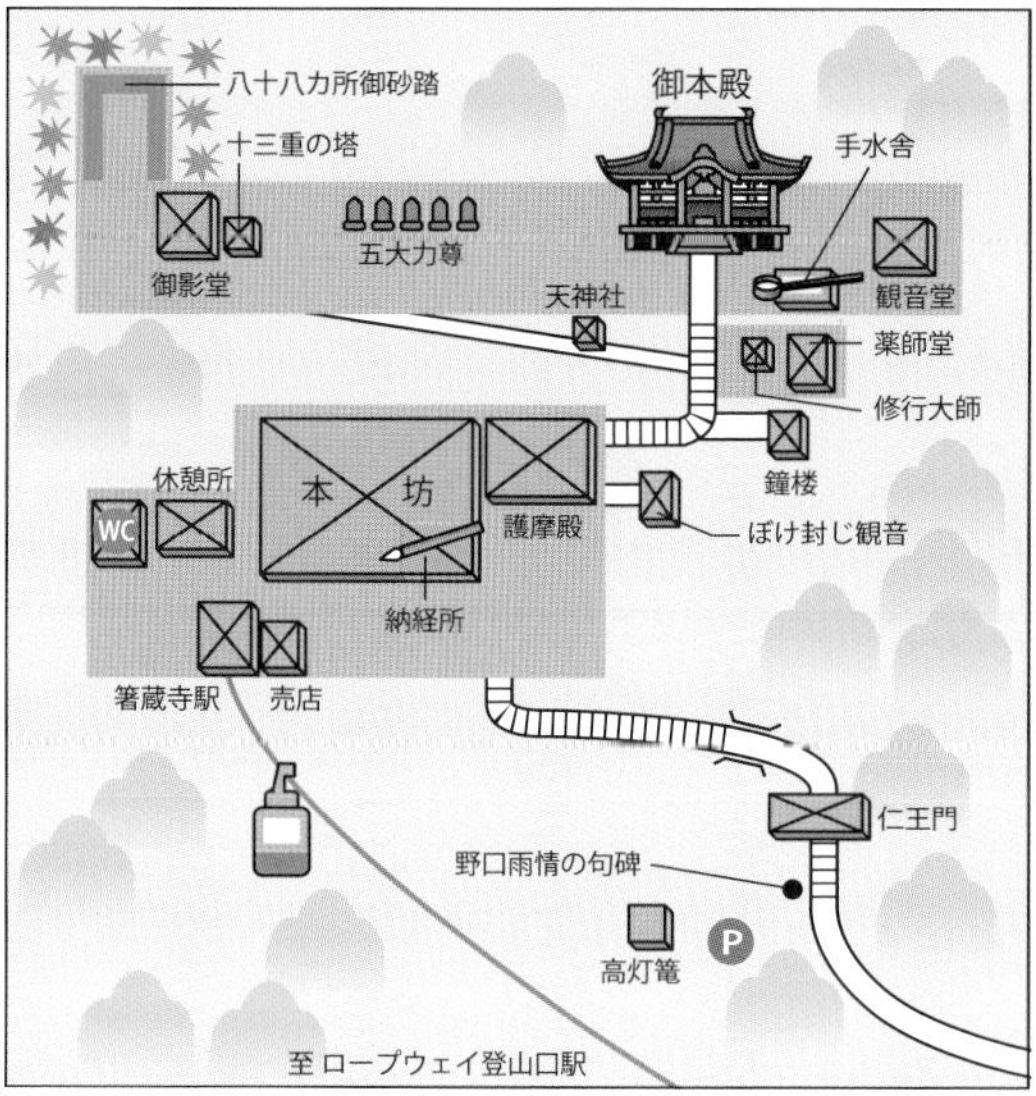

第 | 五番 箸蔵寺〈境内図〉

本殿西側の一角にある「お砂踏場」、四国八十八カ所霊場の本尊を勧請し、各霊場のお砂を納めている

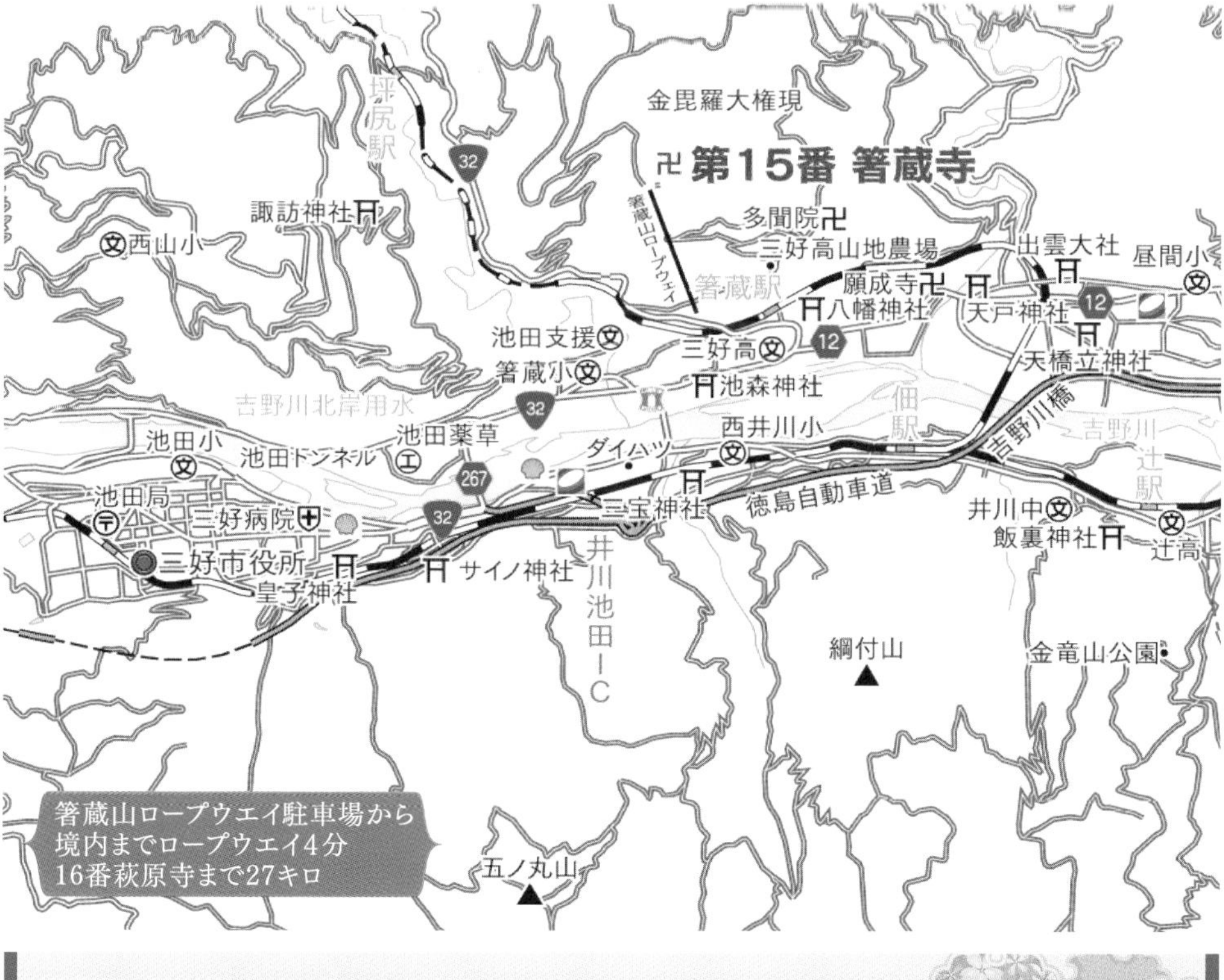

交通　電車　JR土讃線箸蔵駅から箸蔵山ロープウエイ登山口駅まで500m。
　　　車　　徳島自動車道井川池田ICから吉野川を渡り32号線を高松方面へ3.5キロ。

四国別格第十六番

萩《はぎ》原《わら》寺《じ》

巨《きょ》龍《ごう》山《ざん》

乱石積の基壇の上に建ち、中世密教の遺風を伝える入母屋造の本堂

尊くも　火伏をちかふ
地蔵尊　はぎの御山に
世を救ふらむ

平安時代初期、平城天皇の大同二年（807）弘法大師が創建した古刹。この時、大師が千手観音像と地蔵菩薩像の二尊像を刻み、地蔵菩薩像は萩原寺、千手観音像を四国八十八カ所六十六番雲辺寺に安置。天慶二年（929年）に朱雀天皇が勅願寺に定め、室町時代中期の応永年間（1394〜1427）に真恵僧正が中興。後に、室町幕府の管領・細川勝元の祈願所となった。珍しい寄棟造りの仁王門は、細川公が戦勝祈願の温座護摩の祈祷を寺に命じその見返りとして奉納。明応二年（1493）の記録によれば讃岐、伊予、阿波に280余寺の末寺を従える大寺だったと伝えられる。

大師筆による「急就章」（国重要文化財）「法華曼陀羅図」「観経曼荼羅図」「金銅割五鈷杵」や古文書資料のほか、数百点におよぶ寺宝が宝物館に収蔵されている。別名「萩寺」と呼ばれ、萩の名所として広く知られており、秋になると約二千五百株といわれる赤や白の萩が咲き乱れる。

萩原寺御宝印

本尊　伽羅陀山火伏地蔵菩薩（弘法大師作）
真言　オン　カカカビ　サンマエイ　ソワカ
開山　弘法大師
宗派　真言宗大覚寺派
住所　香川県観音寺市大野原町萩原2742
電話　0875・54・2066

火伏地蔵菩薩

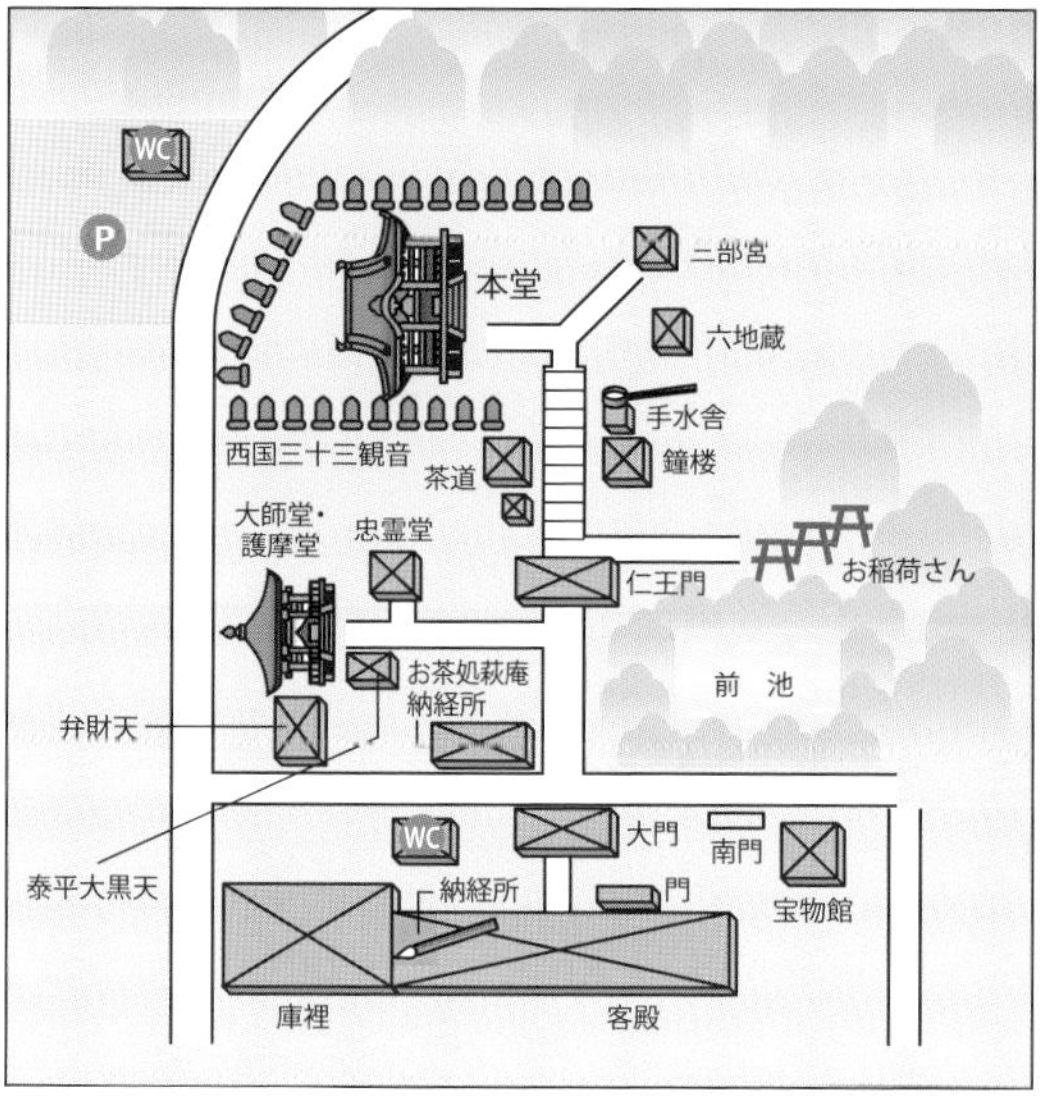

第16番 萩原寺〈境内図〉

骨董市や露天商で賑わう「泰平大黒天門前市」は5月第4土・日曜日に開催

交通　電車　JR予讃線観音寺駅より8キロ、タクシーで15分
　　　車　　高松自動車道大野原ICから約6キロ

四国別格 第十七番

五穀山《ごこくざん》 神野寺《かんのじ》

本尊・薬師如来、不動明王、毘沙門天、弘法大師を合祀する本堂

ちまちだに　いまもそそぎて
のりのしの　恵みあふるる
満濃の大池

この地方は水利が悪くて村人は難儀していた。晴れれば水不足、雨が降れば洪水という具合だった。朝廷から大きな溜め池を造るために築池使が派遣されたが、三年経っても工事は一向に進まず経費も底をつき工事は頓挫。灌漑地域の農民は連名で讃岐出身の弘法大師の派遣を懇請。弘仁十二年（821）嵯峨天皇の勅命で、大師に満濃池工事の別当が任じられた。大師が故郷の讃岐に到着して工事が始まると、村人たちが駆け付けてわずか三ヵ月で完成。その偉功を称えて報奨金を給わり、池を見下ろす神野山を聖地と選び、大師の偉業を記念して神野寺を開創。満濃池守護道場としての使命が付与されていた。

天正十一年（1583）土佐の長宗我部軍の兵火により全山を失い廃寺に。昭和七年弘法大師千百年御遠忌の年、満濃大師会が結成され、神野寺の再興が発願され、同九年に堂宇の一部が完成し現在に至る。

神野寺御宝印

本尊　薬師如来
真言　オン　コロコロ　センダリ　マトウギ　ソワカ
開山　弘法大師
宗派　真言宗善通寺派
住所　香川県仲多度郡まんのう町神野45-12
電話　0877・75・0875

薬師如来

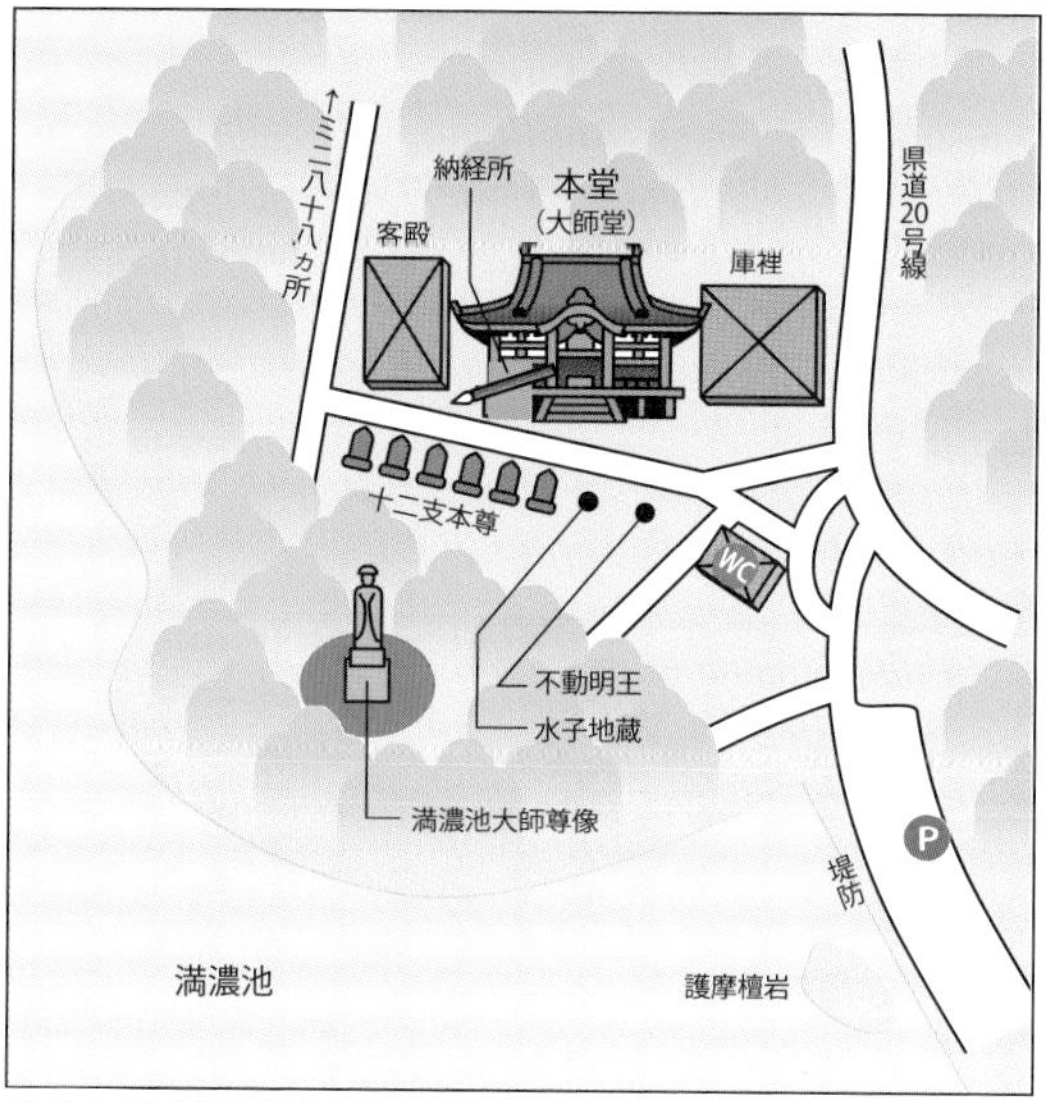

第十七番 神野寺〈境内図〉

本堂の南の丘で満濃池を見守る弘法大師像は像高3.3メートル

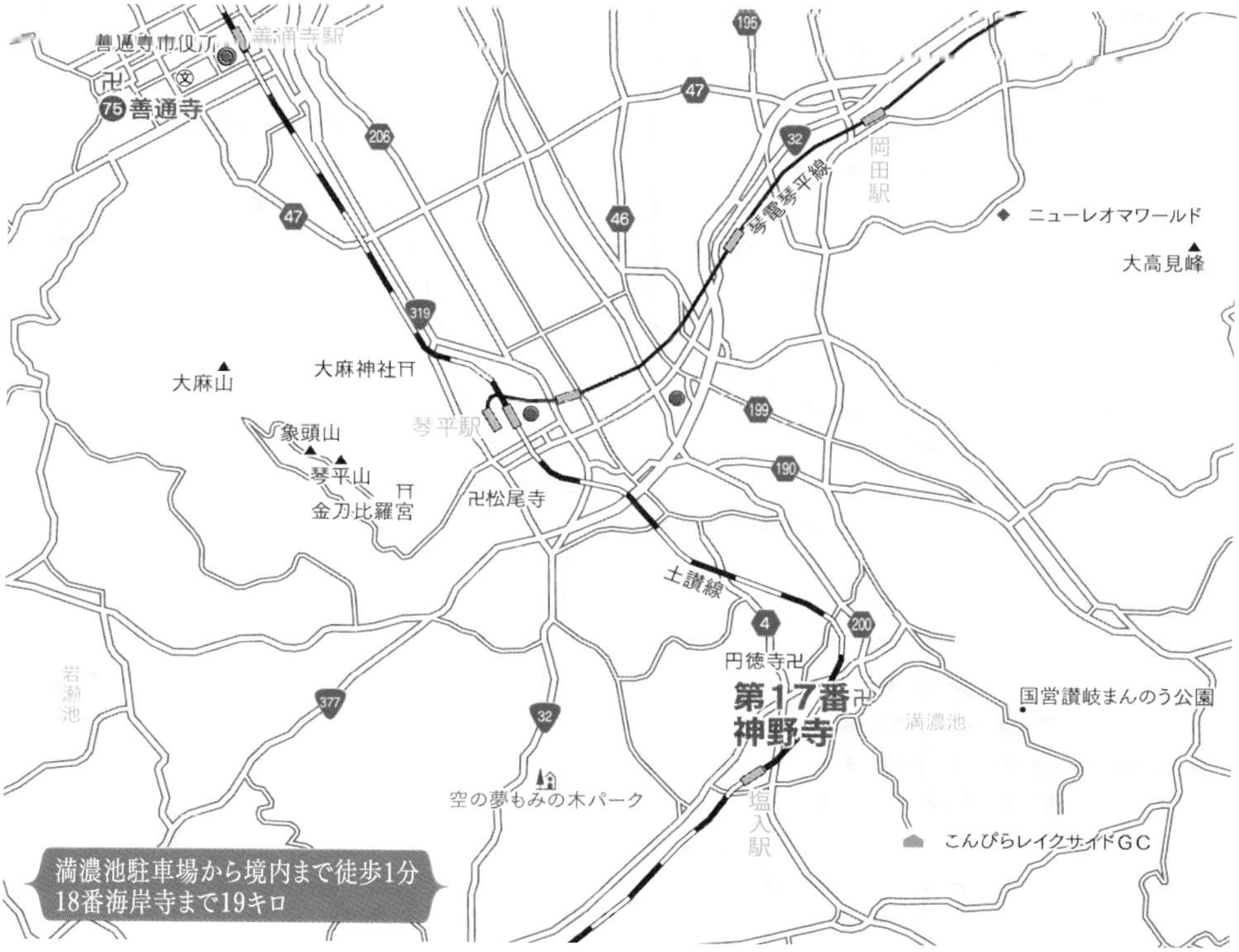

満濃池駐車場から境内まで徒歩1分
18番海岸寺まで19キロ

交通　電車　JR琴平駅からタクシーで約6キロ。またはJR塩入駅から満濃池を目標に徒歩2キロ。
　　　車　　国道32号線から満濃池の標識に従って県道に入り、満濃池を目標に進む。

四国別格第十八番

海《かい》岸《がん》寺《じ》

納経山《のうきょうざん》

郷土出身力士の顕彰を兼ねて造立した珍しい二力士門

せとのきし　まなこやひらく
かいがんじ　よろこびみちぬ
身も心にも

弘法大師誕生にあたり、宝亀四年(733)に建立された産屋が海岸寺奥之院の前身という。大師は、翌宝亀五年にここ海岸寺で産声をあげた。後に、留学先の唐より帰国した大師は、大同二年(807)母の故郷に立ち寄って一寺を開創、真言の諸病封じの秘法を修して「海岸密寺」と名付ける。この時、大師が寺の裏山に埋経したことから、納経山というようになり山号となった。本堂左の護摩堂には、明治十六年(1873)廃仏毀釈で廃寺となった金毘羅山多聞院の本尊・不動明王を祀っている。

明治二十六年(1893)に納経山から発見された石には、梵字で書かれた光明真言と共に、「大同二　空海」と刻まれていたことから「光明石」と名付けた。この山から瀬戸内海を眺めると、砂洲が鏑の形をしていたのでこの辺りを鏑津と呼んでいた。このカブラッという音が釈尊の育った地「カピラバストゥ」に似ていることから迦毘羅衛院という院号になる。

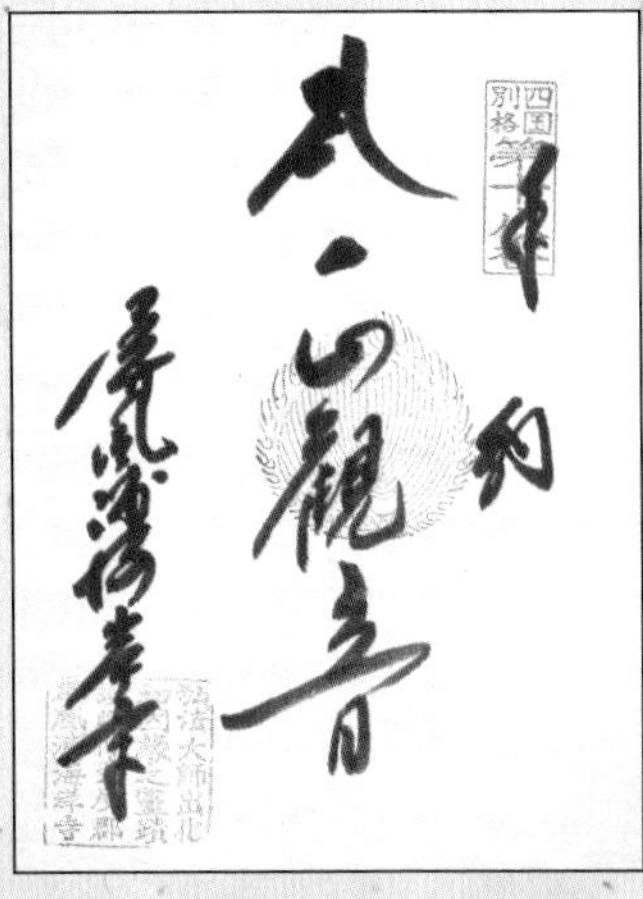

海岸寺御宝印

本尊　正観音　弘法大師誕生仏
真言　オン　アロリキャ　ソワカ
開山　弘法大師
宗派　真言宗醍醐派
住所　香川県仲多度郡多度津町大字西白方997-1
電話　0877・33・3333

正観音

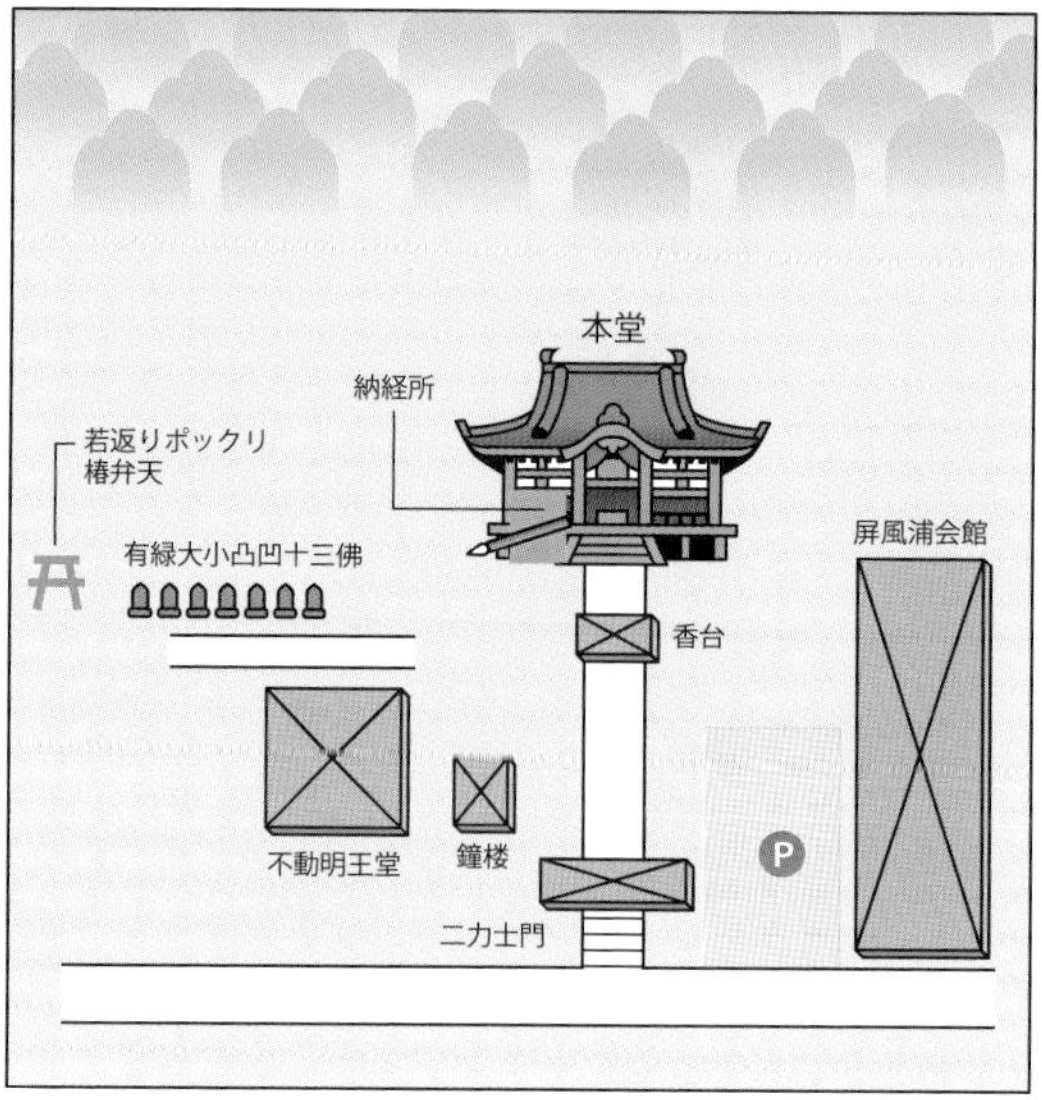

第十八番 海岸寺〈境内図〉

瀬戸内海に面した屏風ヶ浦海岸に位置する海岸寺の本堂内陣

交通　電車　JR予讃線海岸寺駅から200メートル。
　　　車　　高松自動車道三島鳥坂IC・善通寺ICから国道11号を越え県道21号線（さぬき浜街道）を東進。

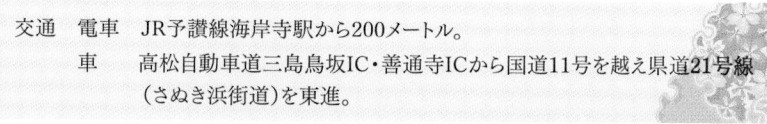

四国別格 第十九番

香《こう》西《ざい》寺《じ》

宝《ほう》幢《どう》山《ざん》

参道を進むと、正面に唐破風で重厚な入母屋造の本堂が見える

南無大悲　延命地蔵
大菩薩　みちびきたまへ
この世のちの世

奈良時代に行基菩薩により開創され、勝賀山の麓に建てられ勝賀寺といった。平安初期に弘法大師が訪れて、現地に移し再建したという。嵯峨天皇の勅願寺として寺禄千貫文を賜り、朱雀天皇の代には談議所になる。別格二十霊場の中で談議所となったのは萩原寺とここ香西寺だけである。

鎌倉時代になると、この地の豪族・香西左近将監資村が、幕命を受け堂塔を再建し香西寺と改称した。南北朝時代には室町幕府の守護大名・細川頼之が当寺を本津(香西東町)に移し、十一代香西元資は寺号を地福寺と改称。天正年間(1573~92)には戦火により伽藍が焼亡。桃山時代に国主・生駒親正が再建の後、高福寺と名を改めた。寛文九年(1669)、高松藩主・松平頼重公が新伽藍を建立落慶し、別格本山・香西寺となる。本堂右側に国の重要文化財に指定されている毘沙門天立像を安置する毘沙門堂、右には大師堂が建つ。

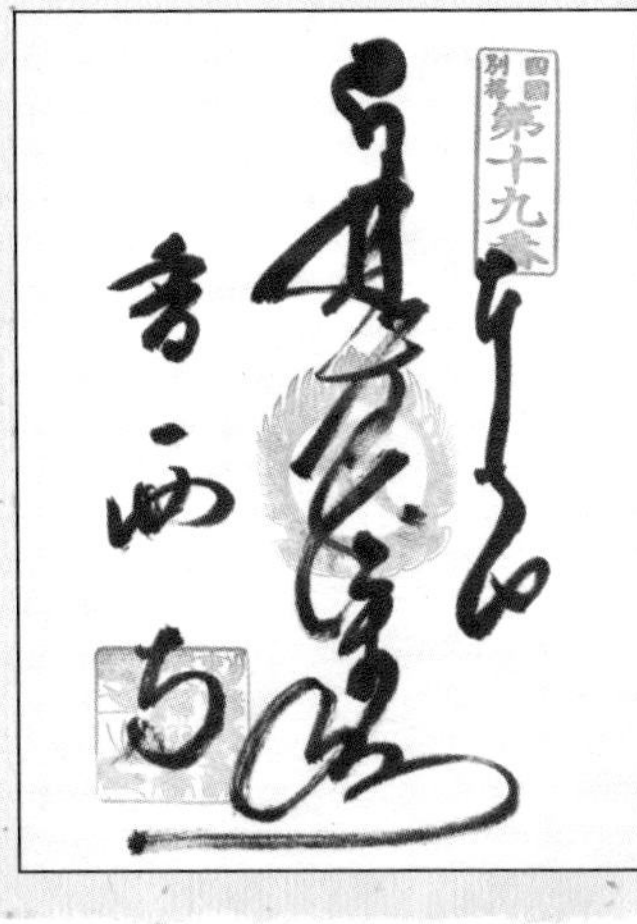

香西寺御宝印

延命地蔵菩薩

本尊　延命地蔵菩薩
真言　オン　カカカビ　サンマエイ　ソワカ
開山　行基菩薩
宗派　真言宗大覚寺派
住所　香川県高松市香西西町211
電話　087・881・2337

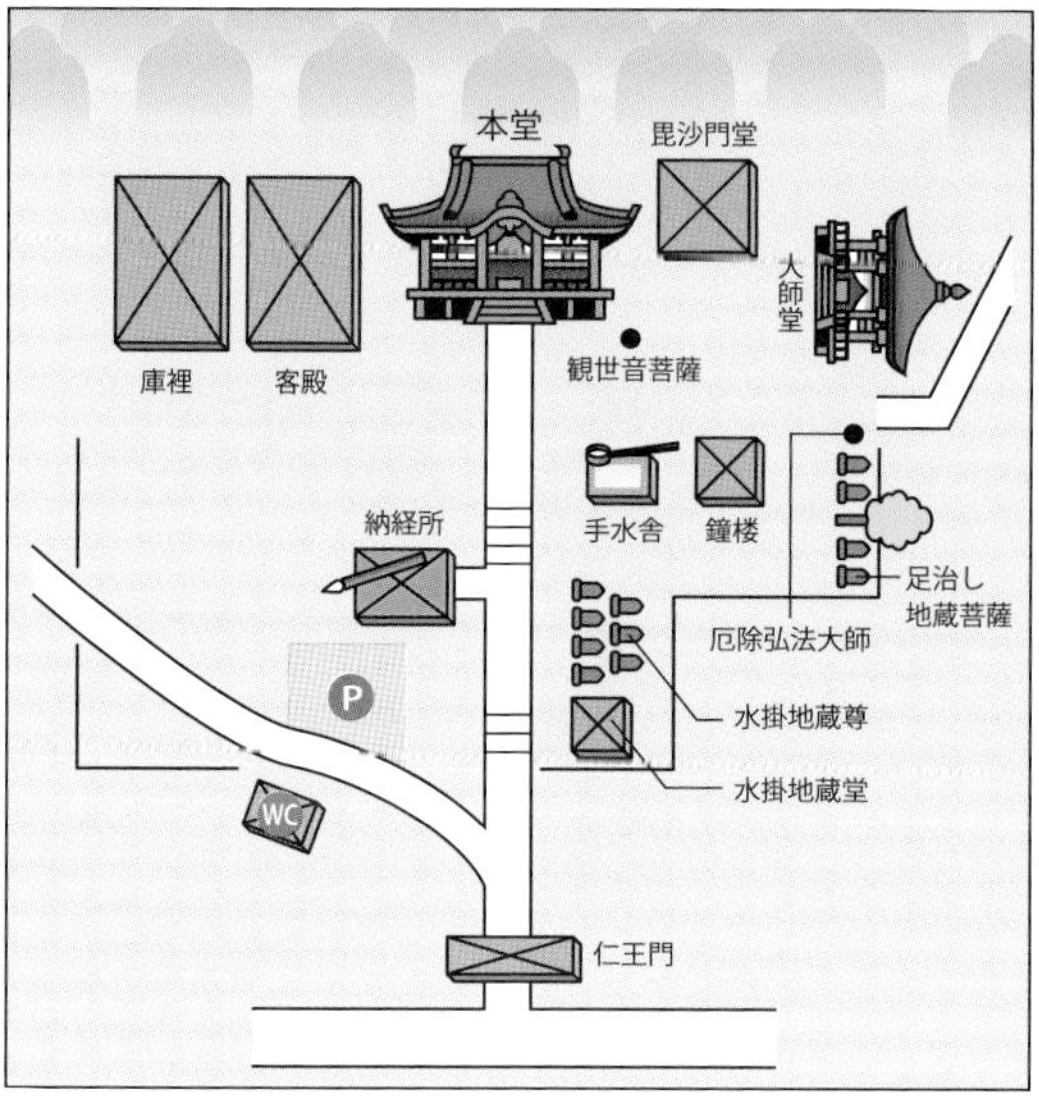

第十九番 香西寺〈境内図〉

護摩堂を兼ねる大師堂内陣、草鞋を履き鉄鉢を持った修行大師も

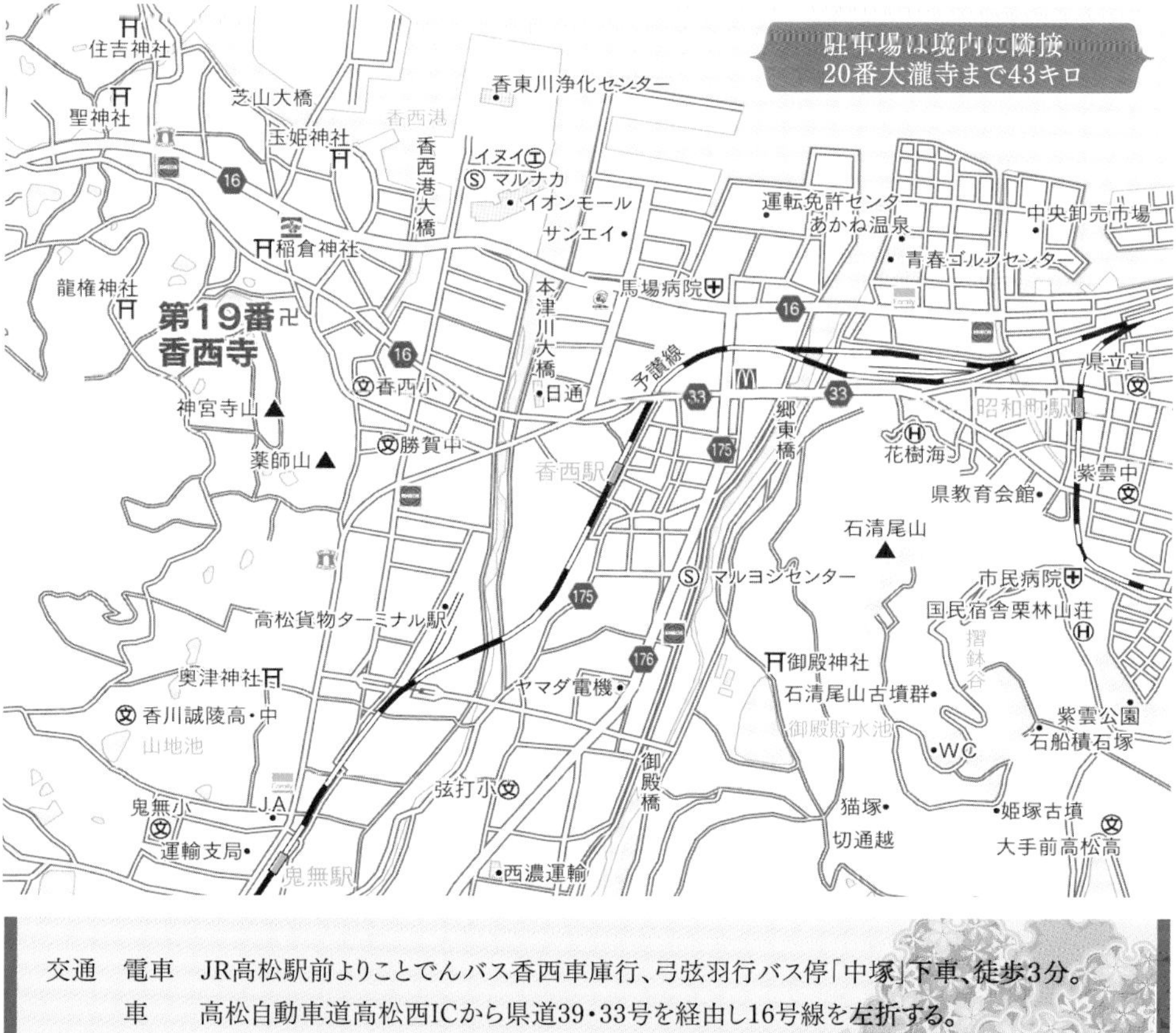

交通　電車　JR高松駅前よりことでんバス香西車庫行、弓弦羽行バス停「中塚」下車、徒歩3分。
　　　車　　高松自動車道高松西ICから県道39・33号を経由し16号線を左折する。

四国別格第二十番

大瀧寺《おおたきじ》

四国八十八ヶ所総奥ノ院
福大山《ふくだいさん》

落雷などの火災で寺宝を全て失ったが大師信仰の法灯が燈る

霊峰の　岩間にひらく
法の道　厄をながして
衆生ぞすくわる

大瀧寺は、札所寺院の中で最も高い大瀧山（946メートル）の山頂に建つ。奈良時代の神亀三年（726）、行基菩薩が塩江より入山され阿讃山脈秀峰に一寺を建立し、阿弥三尊を安置したのが始まり。平安時代の初期、延暦十年（788）弘法大師も『三教指帰』と云う大師の著書にはっきりと記されてる様に、ここ大瀧で「求聞持法」を厳修された。弘仁六年（807）弘法大師四十二歳、二度目の入山の時に現世の男女厄難消除、万民安楽の為に西照大権現の尊像を安置して法華経を一石毎に書き、男女厄流しの秘法を修した。

天安二年（858）聖宝理源大師が入山され、高野槇を手植にされ、男女厄除厄流の大護摩を修法。その伝統は今に伝えられ、大瀧寺は「厄流しの寺」として知られる。大師入定の後、弟子の真済が記した『空海僧都伝』にも「阿波の大瀧嶽に上り」とある。江戸時代には高松藩と徳島藩家老・稲田氏の祈願所となっており寺運も隆盛した。

大瀧寺御宝印

本尊　西照大権現
真言　南無西照大権現
開山　行基菩薩
宗派　真言宗御室派準別格本山
住所　徳島県美馬市脇町字西大谷674
電話　0883・53・7910

西照大権現

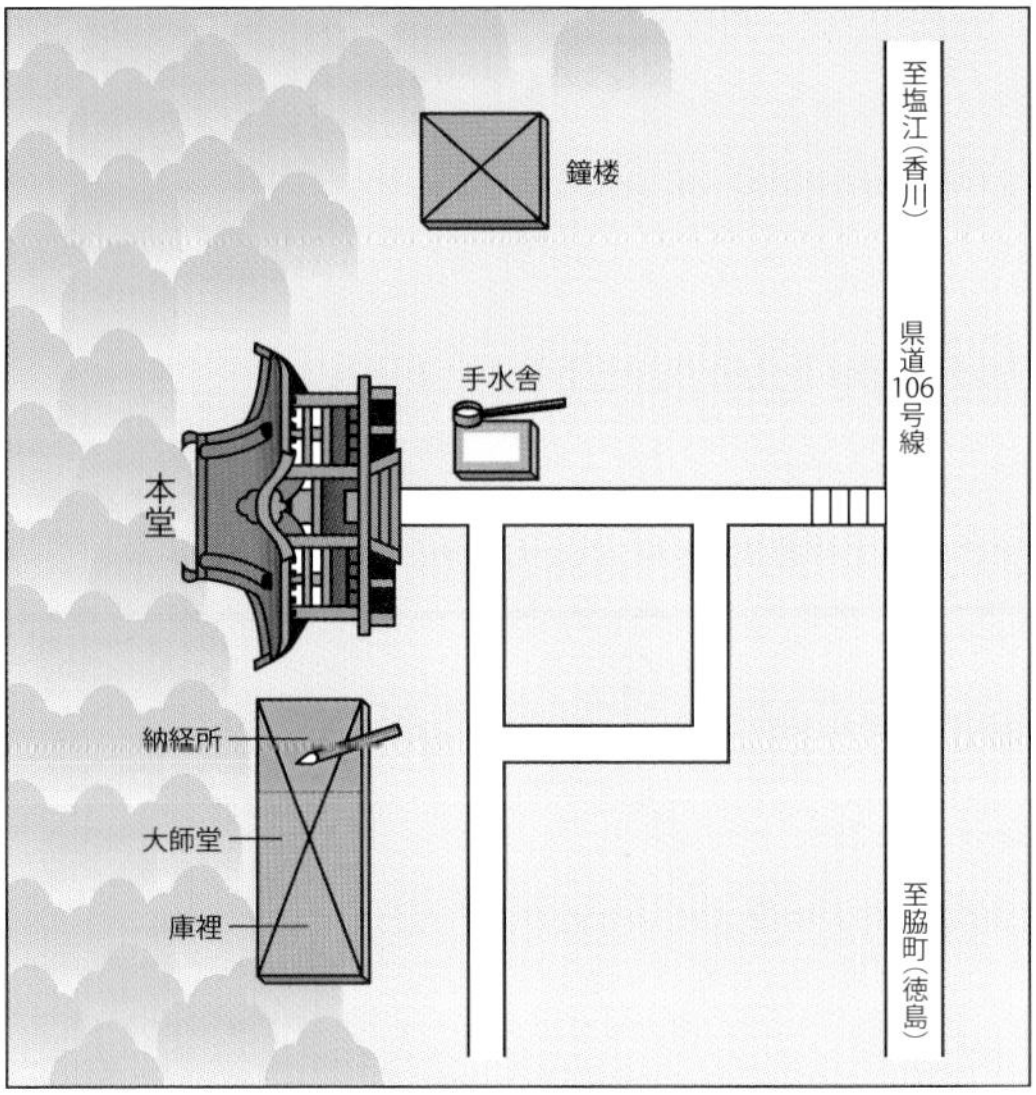

第二十番 大龍寺〈境内図〉

山門はなく石段を上がると本堂、左に大師堂と納経所がある

交通　電車　JR徳島本線穴吹駅よりJRバスで脇町へ、脇町からはタクシーで約30分。
　　　車　　高松市内から国道193号線を塩江温泉郷へ、夏子ダムの前から県道153号に進む。

四国別格二十霊場

巡拝・授与品

公 は霊場会公式授与品（事務局取扱品）です。

公 ●梵字入り腕輪念珠
ツゲ玉 300円（各霊場寺院で授与）
親玉 500円（会長寺院で授与）
参拝の折に一ヵ寺ずつ数珠玉を頂き、二十個揃えて念珠に仕立てる。

公 ●男性念珠　女性念珠
参拝の折に一ヵ寺ずつ数珠玉を頂き、二十個揃えて念珠に仕立てる。

●念珠玉　男玉300円

●女玉　300円

公 ●親玉　500円（会長寺院で授与）

公 ●カラー御影　各寺院100円

公 ●散華　納経するといただける

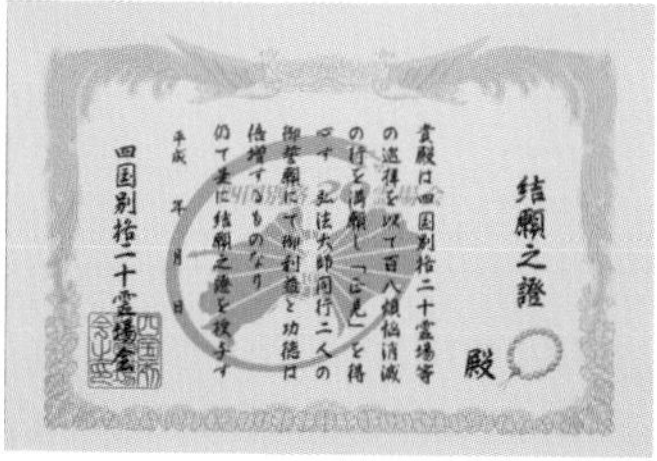

公 ●結願之證（筒付き） 2,000円

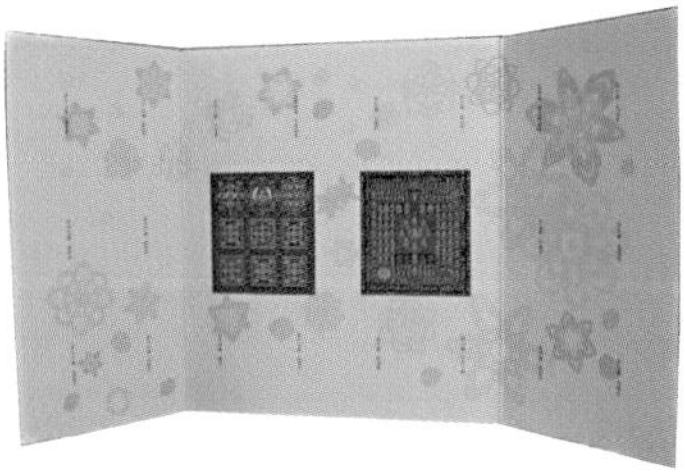

公 ●散華台紙　1,000円

公 ●ご詠歌CD（志納金）　1,500円

公 ●仏前勤行次第（志納金）　1000円

●納 札

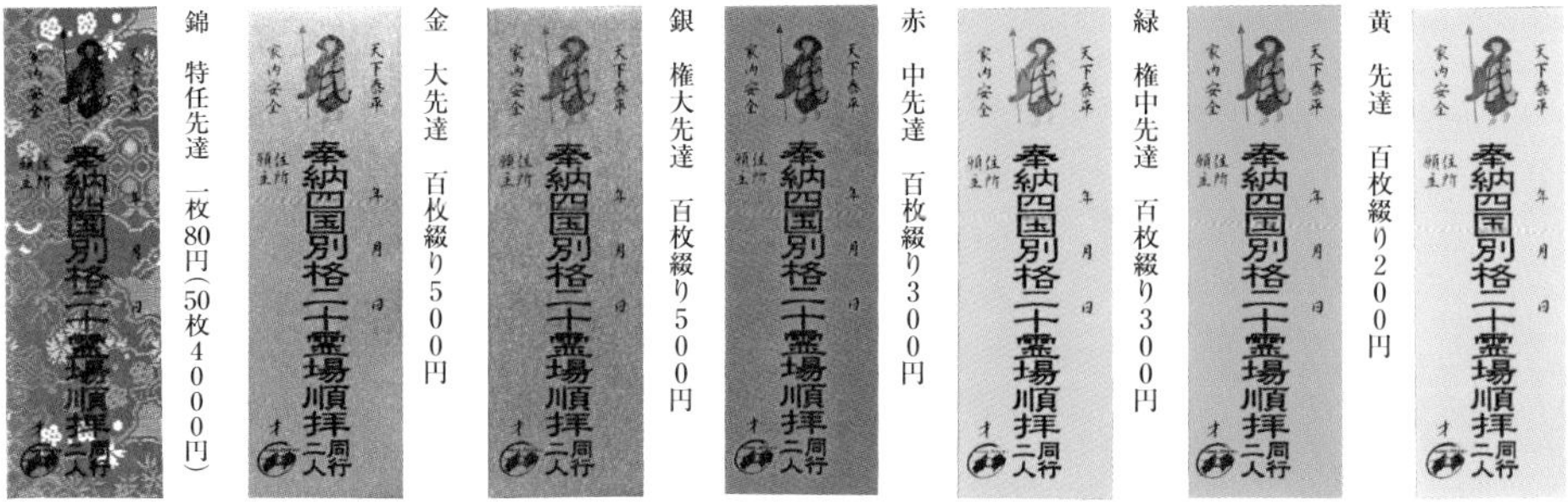

白 一般参拝 百枚綴り２００円
黄 先達 百枚綴り２００円
緑 権中先達 百枚綴り３００円
赤 中先達 百枚綴り３００円
銀 権大先達 百枚綴り５００円
金 大先達 百枚綴り５００円
錦 特任先達 一枚80円（50枚４０００円）

納経料金【納経時間 午前7時～午後5時】

●軸 500円 ●帳面（新規） 300円 ●帳面（重ね） 300円 ●白衣（筆書き・朱印） 500円 ●白衣（朱印） 200円

●奉納経帳
赤表紙 1,575円 上金襴紺表紙 2,625円

●水墨画入り
奉納経帳 2,835円

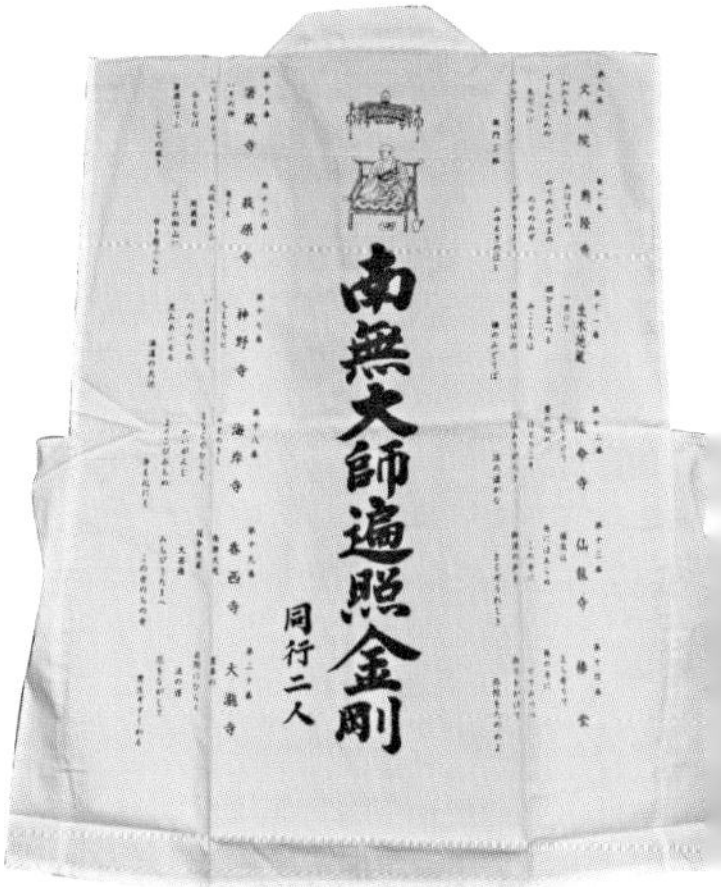

●御詠歌入り白衣
3,000円

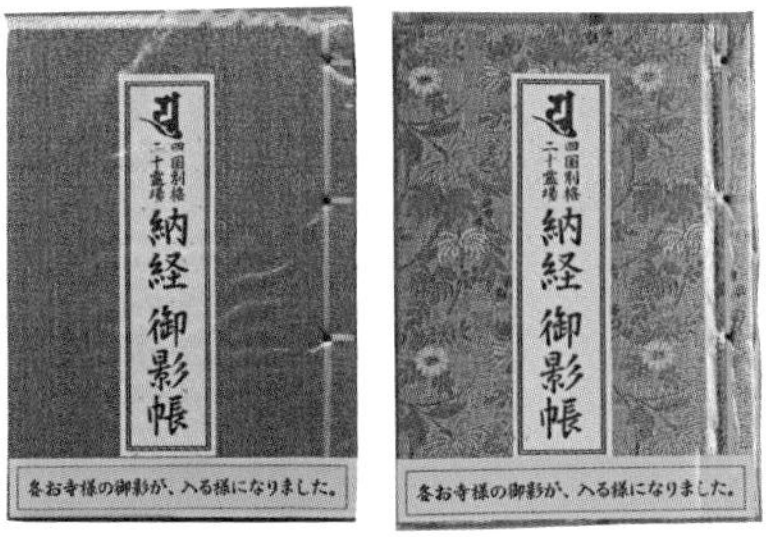

●納経御影帳 各3,675円

●カラー写真入り
御影入れ 1,890円

●念珠の正絹房の種類

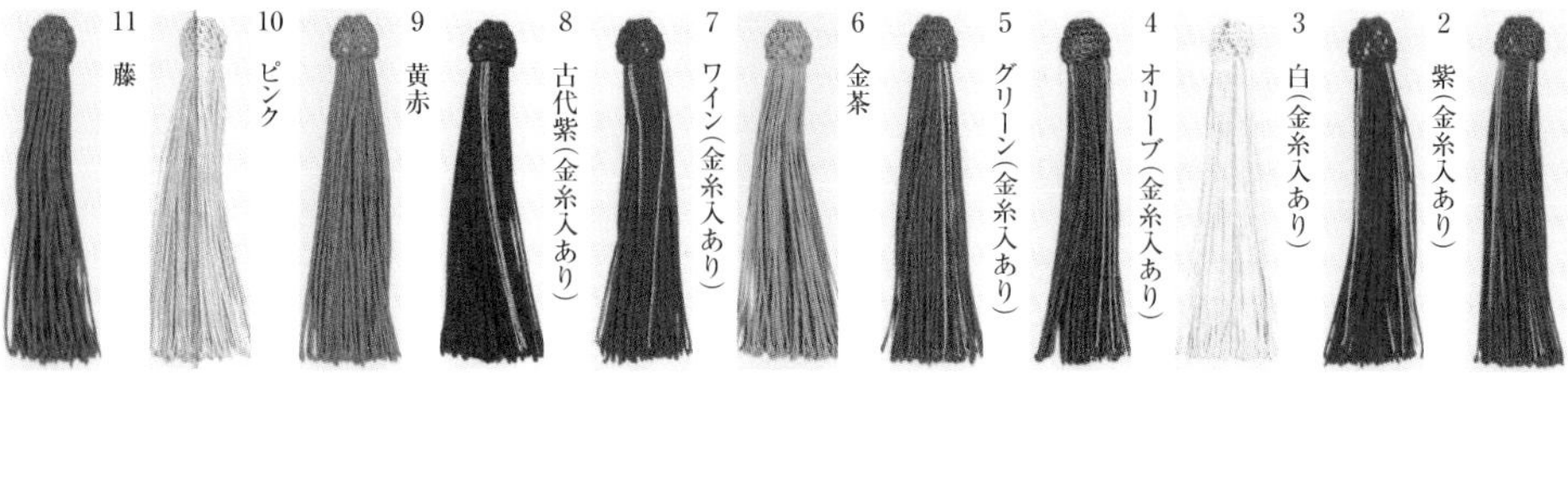

1 茶（金糸入あり）
2 紫（金糸入あり）
3 白（金糸入あり）
4 オリーブ（金糸入あり）
5 グリーン（金糸入あり）
6 金茶
7 ワイン（金糸入あり）
8 古代紫（金糸入あり）
9 黄赤
10 ピンク
11 藤

四国別格霊場先達への導き

一、公認先達になるためには

公認先達は、信徒を獲得して別格霊場を三回以上巡拝先導して興隆に寄与した者に霊場寺院住職の推薦により資格を得る。

公認先達は、弘法大師の三信条五綱目、並びに同行二人の精神を修得し、且つ信望厚き者とする。

二、公認先達の称号

先達、権中先達、中先達、権大先達、大先達、特任先達

三、公認先達の昇補

権中先達　先達補任後二カ年以上経過し、五回以上多数の信徒を先導して、大師の振興に実意功績顕著な人に与える。

中先達　権中先達補任後三カ年以上経過し、七回以上多数の信徒を先導して、大師の振興に実意功績顕著な人に与える。

権大先達　中先達補任後三カ年以上経過し、十回以上多数の信徒を先導して、大師の振興に実意功績顕著な人に与える。

大先達　満五十歳以上の権大先達の内、多数の信徒を先導して、大師の振興に実意功績顕著な人に対し霊場会の総意に基づき与える。

特任先達　満七十歳以上の大先達の内、霊場に多大なる貢献かつ霊場会の発展に努力の認められる人に対し霊場会の総意に基づき与える。(十名を限度とする)

先達研修会の参加回数、霊場会の招集する特別行事の参加回数は、一回につき霊場巡拝一回分の昇補条件に相当する。

前述の昇補基準に満たない人でも、別格霊場に対し特別の貢献があった場合、霊場会の総意に基づき特例として昇補が認められることがある。

四、研修会への参加

公認先達は、年一回開催される研修会などの霊場会の招集に参加し、自己の研鑽と先達間の親睦を計る。

五、公認先達の補任

①公認先達は各霊場寺院より推薦者を選任して会長に提出する。

②補任並びに昇補申請期間は九月一日より九月三十日までとする。

③会長は役員会を開き審議、賛否決定して推薦者に通達する。

六、公認先達の待遇

①先達補任時に半袈裟、金剛杖を授与。

②昇補に際しては各称号に応じてワッペンを授与。

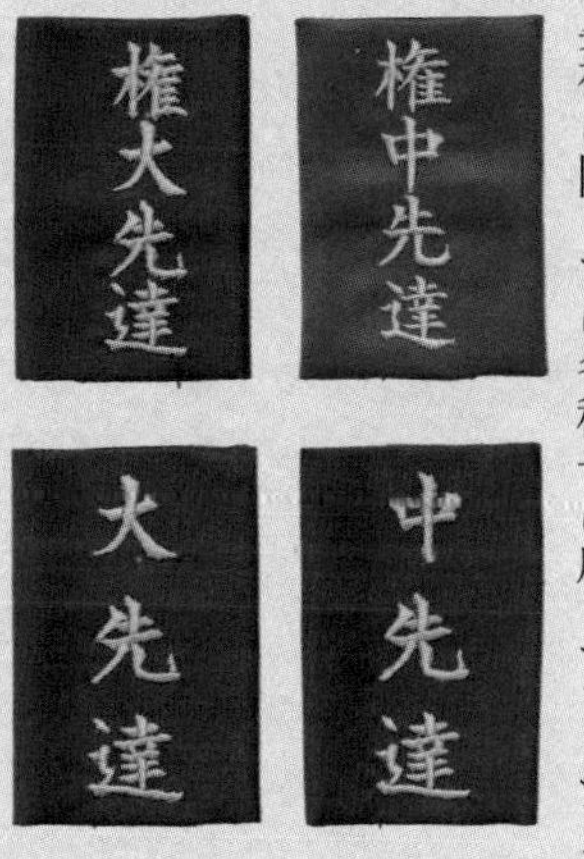

③権大先達以上は、折五条袈裟の着用を認め、権大先達昇補時に授与。

●准先達輪袈裟

●中輪袈裟

●大輪袈裟

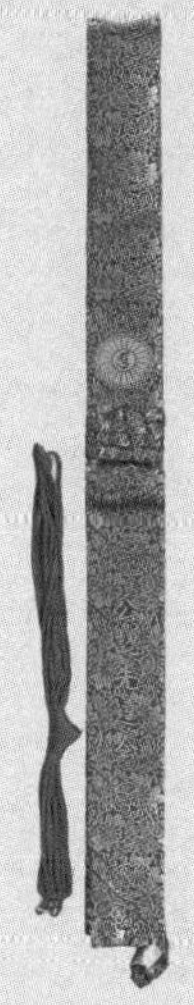

④半袈裟、金剛杖、ワッペン、折五条袈裟の支具品は実費支給。

七、公認先達の会費

年会費は各称号とも三千円、毎年八月末までに納める。

八、先達補任・昇補の申し込み方

［新任先達の補任］

①先達希望者が補任資格に該当するか確認する。（巡拝三回以上など）

②先達補任申請書を推薦寺院からもらい、必要事項を記入する。

③申請書を推薦寺院に提出し、事務局に送付してもらう。

④事務局により補任の審査が行われ補任が決定する。

⑤事務局から先達希望者に直接、研修会の案内、会費納入の案内などが送付される。

［先達階級の昇補］

①昇補希望者が、昇補資格に該当するか確認する。

②先達昇補申請書を推薦寺院からもらい、必要事項を記入する。

③申請書を推薦寺院に提出し、事務局に送付してもらう。

④事務局により昇補の審査が行われ補任が決定する。大先達以上は、霊場会の総意により決定する。

⑤事務局から昇補希望者に直接、研修会の案内、会費納入の案内などが送付される。

参照／四国別格霊場会先達規則

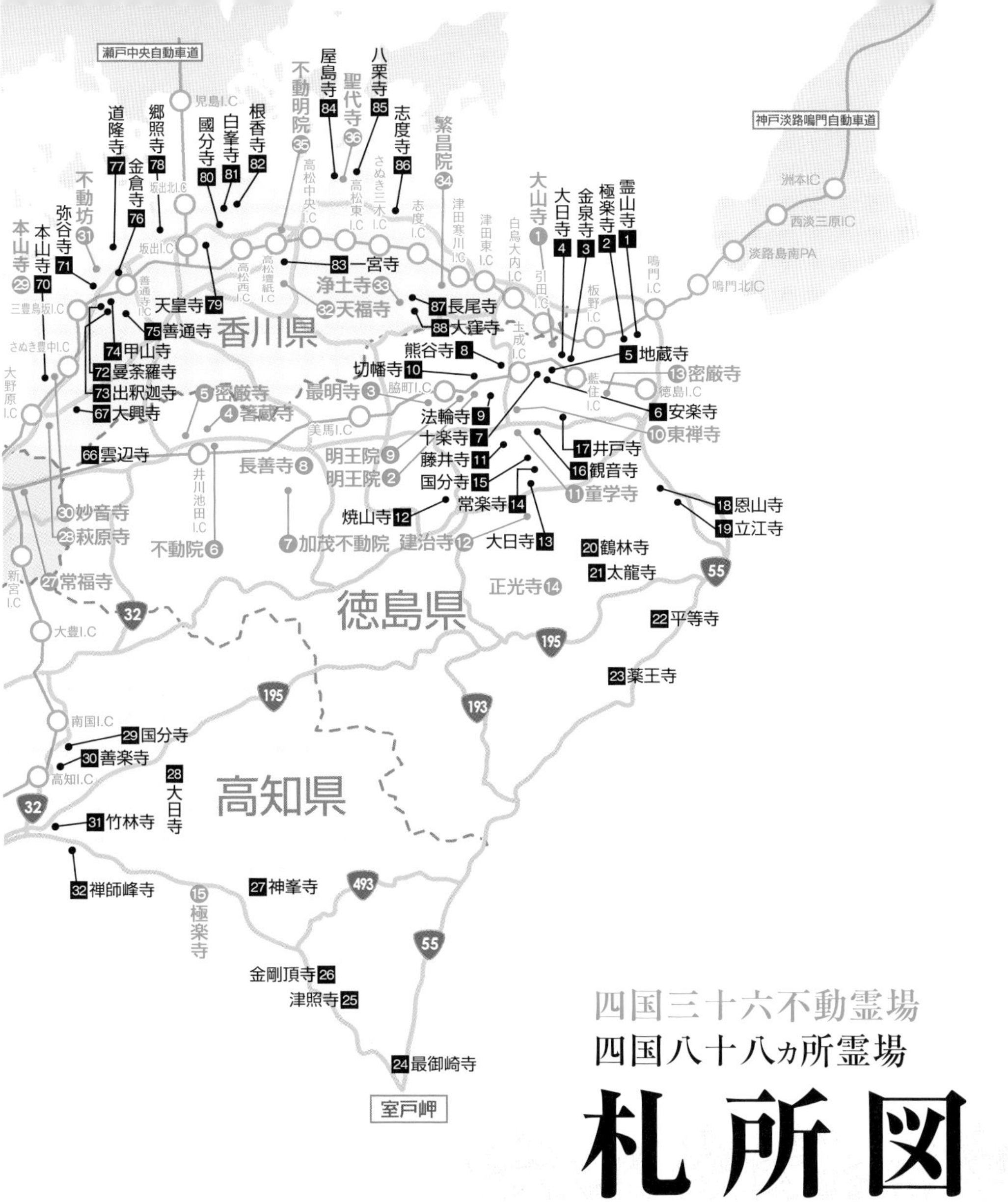

四国三十六不動霊場

四国八十八ヵ所霊場

札所図

伊予・愛媛県	
四国三十六不動霊場	10ヵ寺
四国八十八ヵ寺霊場	26ヵ寺
阿波・徳島県	
四国三十六不動霊場	14ヵ寺
四国八十八ヵ寺霊場	23ヵ寺
讃岐・香川県	
四国三十六不動霊場	9ヵ寺
四国八十八ヵ寺霊場	23ヵ寺
土佐・高知県	
四国三十六不動霊場	3ヵ寺
四国八十八ヵ寺霊場	16ヵ寺

西瀬戸尾道I.C
西瀬戸自動車道(しまなみ海道)
今治北I.C
今治I.C
今治湯ノ浦I.C
東予丹原I.C
伊予小松北I.C
伊予小松I.C
いよ西条I.C
新居浜I.C
土居I.C
三島川之江I.C
新宮I.C
大野原I.C
川内I.C
松山I.C
伊予I.C
内子五十崎I.C
大洲I.C
大洲北只I.C
西予宇和I.C
三間I.C
宇和島北I.C
宇和島南I.C
津島高田I.C
高知I.C
伊野I.C
土佐I.C
須崎東I.C
足摺岬
愛媛県
高知県
延命寺54
泰山寺56
栄福寺57
仙遊寺58
光林寺20
興隆寺22
宝寿寺19
圓明寺53
太山寺52
石手寺51
繁多寺50
浄土寺49
浄土寺18
南光坊55
国分寺59
21満願寺
宝寿寺62
吉祥寺63
前神寺64
香園寺61
横峰寺60
48西林寺
23極楽寺
47八坂寺
46浄瑠璃寺
44大寶寺
45岩屋寺
隆徳寺24
晛寿院25
三角寺65
26仙龍寺
宗安禅寺17
極楽寺16
清瀧寺35
観音寺69
神恵院68
33雪蹊寺
34種間寺
36青龍寺
明石寺43
42仏木寺
41龍光寺
観自在寺40
延光寺39
37岩本寺
38金剛福寺
196
11
194
33
56
380
197
381
321

六波羅蜜修行でこの世を生き抜く

四国三十六不動霊場は、弘法大師がご修行された霊験ある四国霊地に、不動信仰を伝承する霊験寺院三十六ヶ寺が結集して誕生いたしました。

四国三十六不動霊場は、お大師さまの真言密教を信奉し、四諦八聖道六波羅蜜の教えを実践する道場として、四苦八苦で苦しむ人々を支援し幸福な人生へと導いていく道場です。

六波羅蜜というのは、布施・持戒・忍辱・精進・禅定・智慧という六つの功徳のことを言います。

このたび不動霊場は、六波羅蜜の修行を易しく行っていただくために六つの功徳を三十六の教示に凝縮し、この三

十六の徳目を唱えることにより、六波羅蜜の修行ができるようになりました。

昨今は、持てる者と持たざる者と言う存在ができ、格差社会と言われるようになりました。それ故、人間としての尊厳を保つことが困難な状況になってまいりました。それに加え、いじめ問題、あおり問題など陰湿な暴力が紊乱し何処にも逃げ道がない閉鎖社会にもなってきているのです。

このような社会状況にあって、人々は、一時的な享楽に身を置き、ストレスを解消しようと努めています。しかし、心は次第に蝕ばれ、ありのままの姿を見いだす事が出来ない状況です。

四国三十六不動霊場は、この状況を深く鑑み、人々の救いとなりこの世の真理であり羅針盤となる

六波羅蜜の教えを宣揚してまいりました。

不動霊場の各札所に掲げられている六波羅蜜の徳目の教えを一つ一つ実践して頂く事が、六波羅蜜三十六の功徳を実践修行することになります。このように巡拝遍路して頂きますと、心の安定を得て、平安な人生を送れる勇気を授かることが出来るものと確信いたします。

お大師さまと、お不動さまの霊験は、あなたの真摯な祈りの中に、忽然と出現し、有り難い法益を体験される事と信じます。

最後になりましたが、このご縁を大切にしていただき、四国三十六不動霊場に巡拝遍路され、あなたとお目にかかる日をお待ち申しております。

合掌

四国三十六不動霊場会　会長

第七番　福性寺　長谷川隆法

大山不動

四国三十六不動霊場　第一番

仏《ぶつ》王《おう》山《ざん》　玉《ぎょく》林《りん》院《いん》

大《たい》山《さん》寺《じ》

おおやまじ

童子　矜羯羅童子　こんがらどうじ
真言　オン　バサラキ　タツタリ　ソワカ
開山　西範僧都　中興・弘法大師
宗派　真言宗醍醐派
本尊　千手観音菩薩
真言　オン　バザラ　タラマ　キリク

源義経が戦勝祈願、愛馬を寄進

阿讃山脈東部の大山の中腹にあり、千四百五十余年前に開かれた阿波仏法最初の寺院。後に、弘法大師阿波入国の際、密教道場に最適の場所として山号を仏王山とされ、印度の須弥山にちなんで大山寺と名付けられた。西方笹原にあった当山を現地に移転し、諸堂を整え恩師・恵果和尚より授かった千手観世音菩薩を奉安し、当山を拠点に四国霊場を開創。

境内には、武蔵坊弁慶の手で植えられた大銀杏があり、一般庶民の尊崇も厚く、縁結びと開運祈願の寺として知られている。

安貞年間(1227〜29)に、土御門天皇が護摩堂を建立し不動明王像を奉納

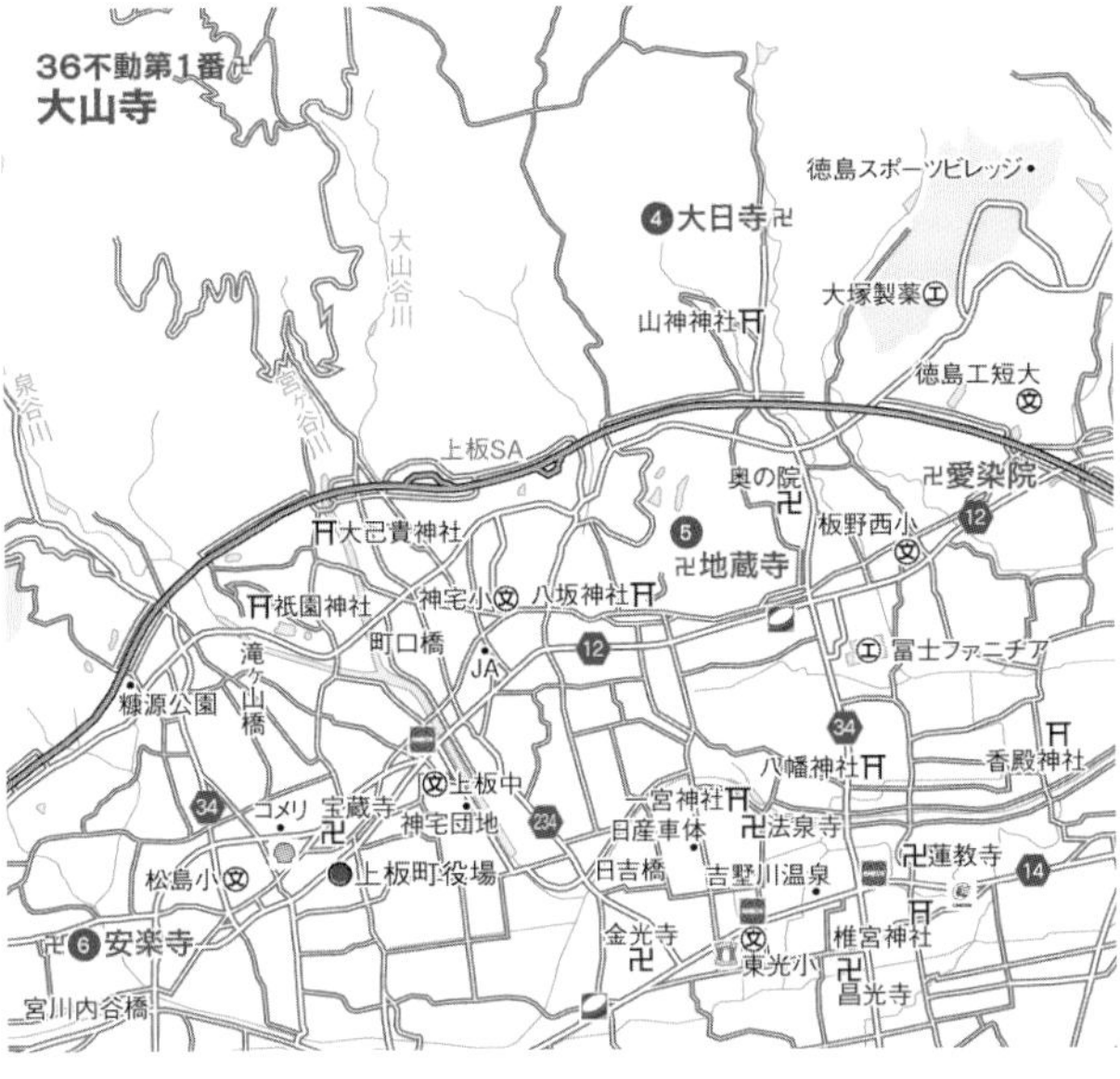

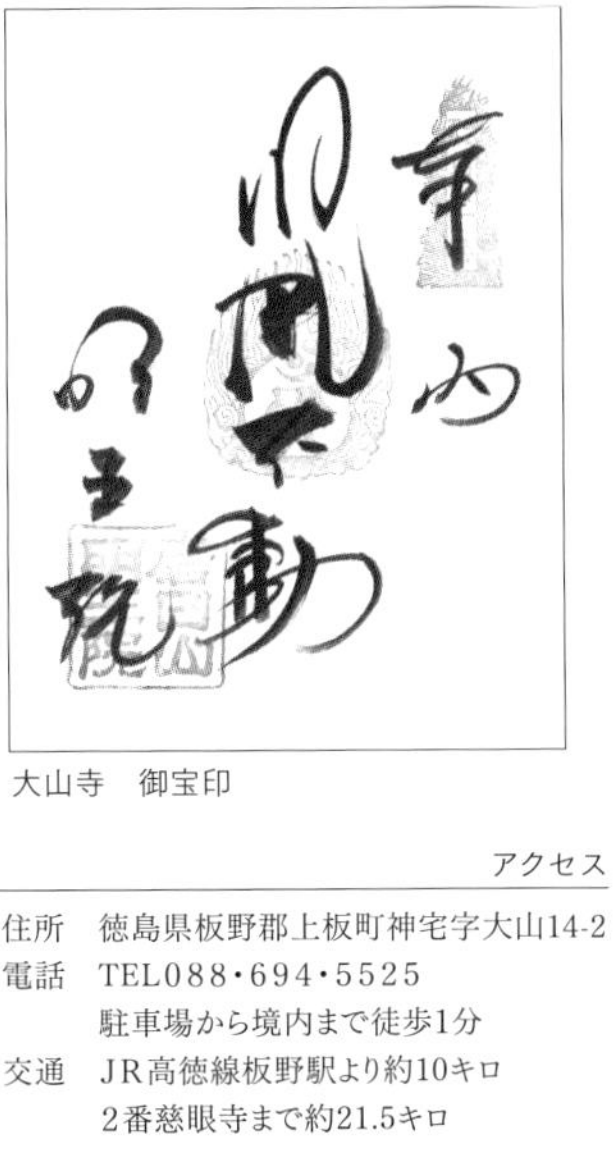
大山寺　御宝印

アクセス

住所　徳島県板野郡上板町神宅字大山14-2
電話　TEL088・694・5525
駐車場から境内まで徒歩1分
交通　JR高徳線板野駅より約10キロ
2番慈眼寺まで約21.5キロ

鼠不動

四国三十六不動霊場　第二番

磨日山《まにちざん》　慈眼寺《じがんじ》

明《みょう》王《おう》院《いん》

童子　制吒迦童子　せいたかどうじ
真言　オン　シュト　トバ　ウンバッタ
開山　弘法大師
宗派　高野山真言宗
本尊　不動明王　阿弥陀如来
真言　ノウマク　サンマンダ　バザラダン　センダ　マカロシャダ　ソワタヤ　ウンタラタ　カンマン　オン　アミリタ　テイセイ　カラウン

春には十種類の桜が咲き誇る

天長年間(830年頃)、弘法大師が四国巡錫の折、吉野川の渡し舟「谷島渡し」の舟着場付近に一宇を建立。室町時代には藩主・細川公の祈願所になる。天文十三年(1543)、吉野川の大洪水により、本尊を除き堂宇を全て流失。その後、元和四年(1622)現在の地に再興。

不動明王は「鼠不動」といわれ、米を食い荒らす鼠を追い払う。洪水や飢饉に苦しめられた村人の豊作への願いが込められ、厄除祈願、学業成就にも霊験あらたかという。

鼠除け不動尊は豊作厄除、夏の不動市には精霊祭廻りや詠歌などで賑わう

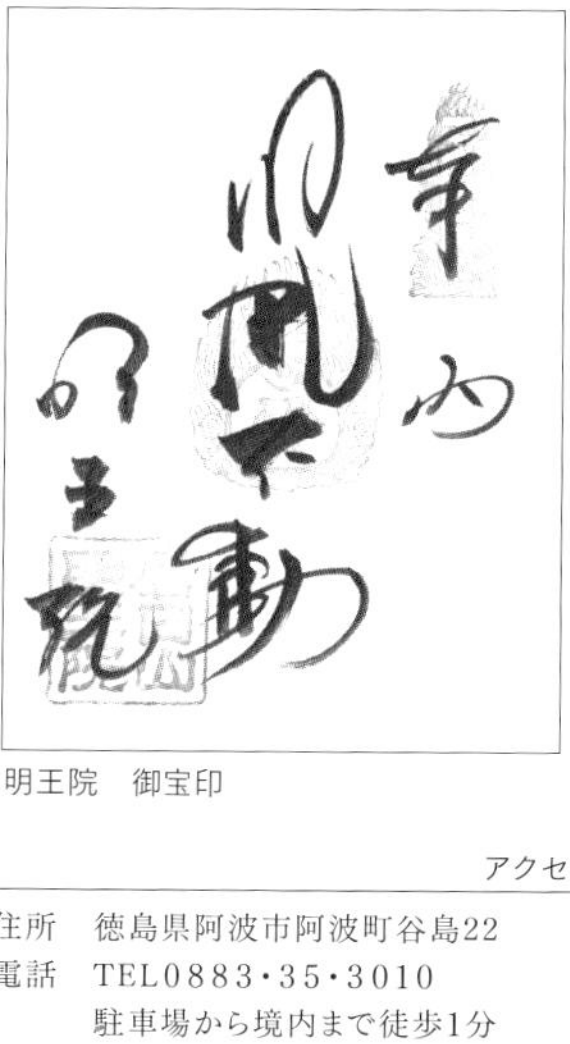

明王院　御宝印

アクセス

住所　徳島県阿波市阿波町谷島22
電話　TEL0883・35・3010
駐車場から境内まで徒歩1分
交通　JR徳島線学駅より約5.5キロ
3番最明寺まで約11.5キロ

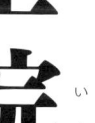

開運不動

四国三十六不動霊場　第三番

弥天山《みてんざん》　常光院《じょうこういん》

最明寺《さいみょうじ》

童子　不動恵童子　ふどうえどうじ
真言　オン　シユマリ　バサラ　ダンカン
開山　行基菩薩
宗派　真言宗大覚寺派
本尊　聖観音菩薩
真言　オン　アロリキャ　ソワカ

北条時頼来訪を伝える萩の寺

天平年間（729～48）に創建され、現在の場所より、北東二百メートルの北庄・日野谷源流東側に位置し西光寺と号した。その後、江戸時代前期に現在地に移し、西明寺と改める。現在の寺名は「西明寺縁起」にある鎌倉時代に最明寺入道北条時頼が来訪した事に由来。

本堂は、明治十一年（1878）に消失、再建された。国重要文化財の毘沙門天立像、県指定文化財阿弥陀如来座像・地蔵菩薩来迎図等の寺宝がある。「萩の寺」としてもよく知られている。

秋には萩の花が境内を飾り、諸願成就祈願の道場として信仰をあつめる

最明寺　御宝印

アクセス

住所　徳島県美馬市脇町西上野
電話　TEL0883・52・1594
　　　駐車場から境内まで徒歩1分
交通　JR徳島線穴吹駅より約4キロ
　　　4番箸蔵寺まで約33キロ

大聖不動

四国三十六不動霊場　第四番

箸蔵寺《はしくらじ》

宝珠山《ほうしゅざん》 金毘羅奥の院《こんぴらおくのいん》

童子　光網勝童子《こうもうしょうどうじ》
真言　オン　ソバロギ　バッタバッタ　ソワカ
開山　弘法大師
宗派　真言宗御室派
本尊　金毘羅大権現
真言　オン　クビラヤ　ソワカ

所願成就、除災招福の箸供養

天長五年(828)に、弘法大師が箸蔵の山頂に漂う不思議な瑞気に導かれ、金毘羅大権現の神託を受けて七堂伽藍を建立。地元で語り継がれている「天狗の箸運び伝説」によると、讃岐・金毘羅宮のお祭りの時に使われた箸を箸蔵山に棲む天狗が当山に運び納めたという。これらにより箸蔵寺は、「金毘羅奥の院箸蔵寺」の名で多くの方に親しまれる。

建造物のうち六棟が国指定重要文化財。8月4日の箸供養では、境内に法螺貝が響き渡り、箸みこし練り供養後に柴灯大護摩供養が厳修され、火渡りが行われる。

8月4日の箸供養では、境内に法螺貝が響き渡り護摩が焚かれる

箸蔵寺　御宝印

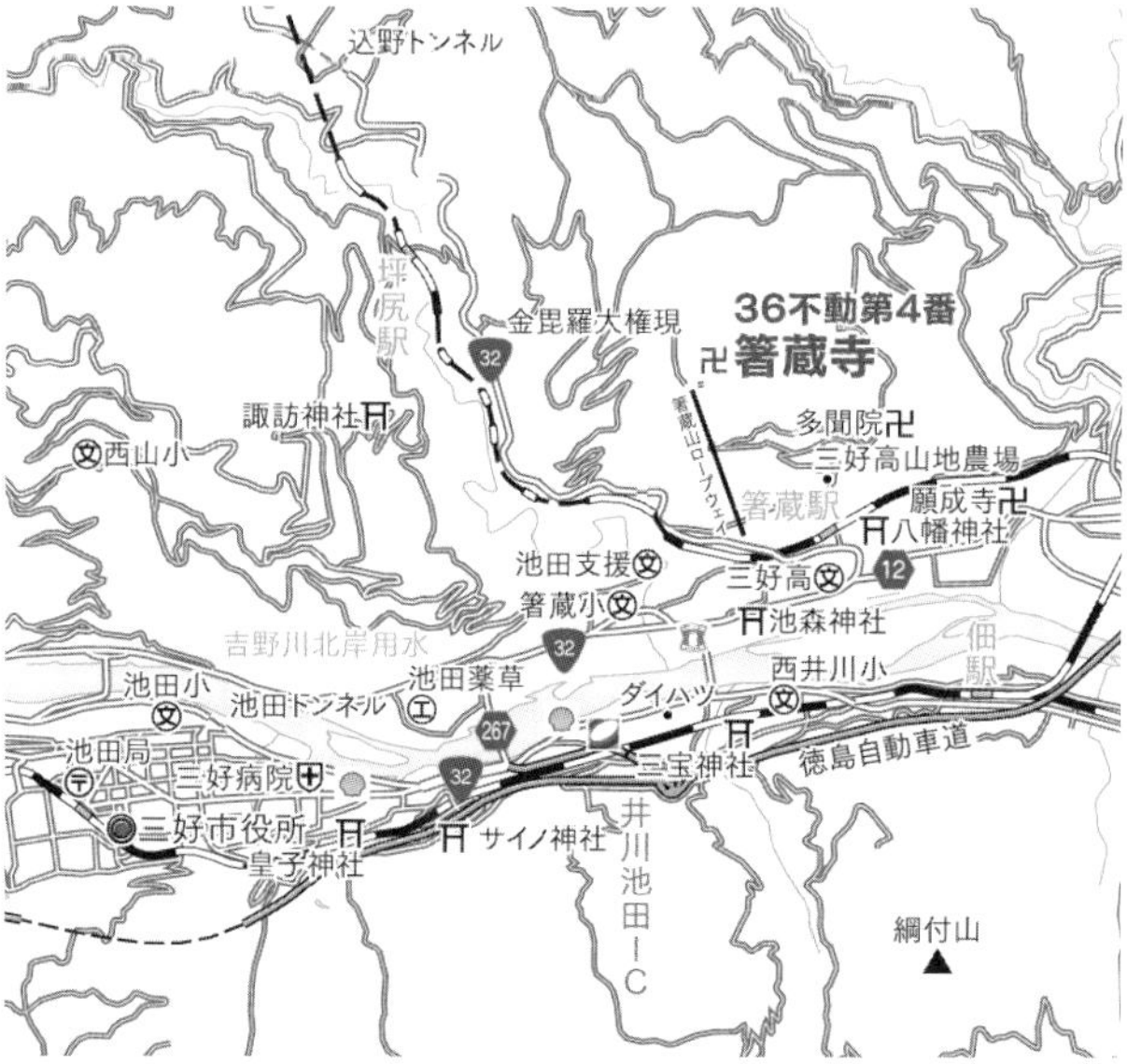

アクセス

住所　徳島県三好市池田町州津蔵谷1006
電話　TEL0883・72・0812
　　　ロープウエイを降りると本坊前
交通　箸蔵山ロープウエイで4分
　　　5番密厳寺まで約7キロ

密《みっ》厳《ごん》寺《じ》

爪彫不動

四国三十六不動霊場　第五番

寳光山《ほうこうざん》

童子　無垢光童子　むくこうどうじ
真言　ノウマク　カラバン　キリク
開山　弘法大師
宗派　真言宗御室派
本尊　聖観音菩薩
真言　オン　アロリキャ　ソワカ

大師作の爪彫不動明王を祀る

弘仁年間（８１０～２４）に、弘法大師の開基。讃州本山寺、阿讃境中蓮寺、阿波密厳寺は三寺院共一種一様一我を以って一夜に建立されたと伝えられている。

当山の不動明王像は大師爪彫りの作として、家内安全、除災招福、婦人の産妊安全、子育安全にご利益がある。脇仏として、樹齢四百年を越す欅の霊木で刻んだ大不動明王と矜迦羅童子、制吒迦童子の不動三尊が安置されている。阿波国大西城主の祈願寺として名高く、所蔵の大般若経は領主・大西覚養公の寄進である。

ケヤキの霊木で刻んだ前立大不動明王三尊が祀られ、阿波ユースホステルを兼ねている

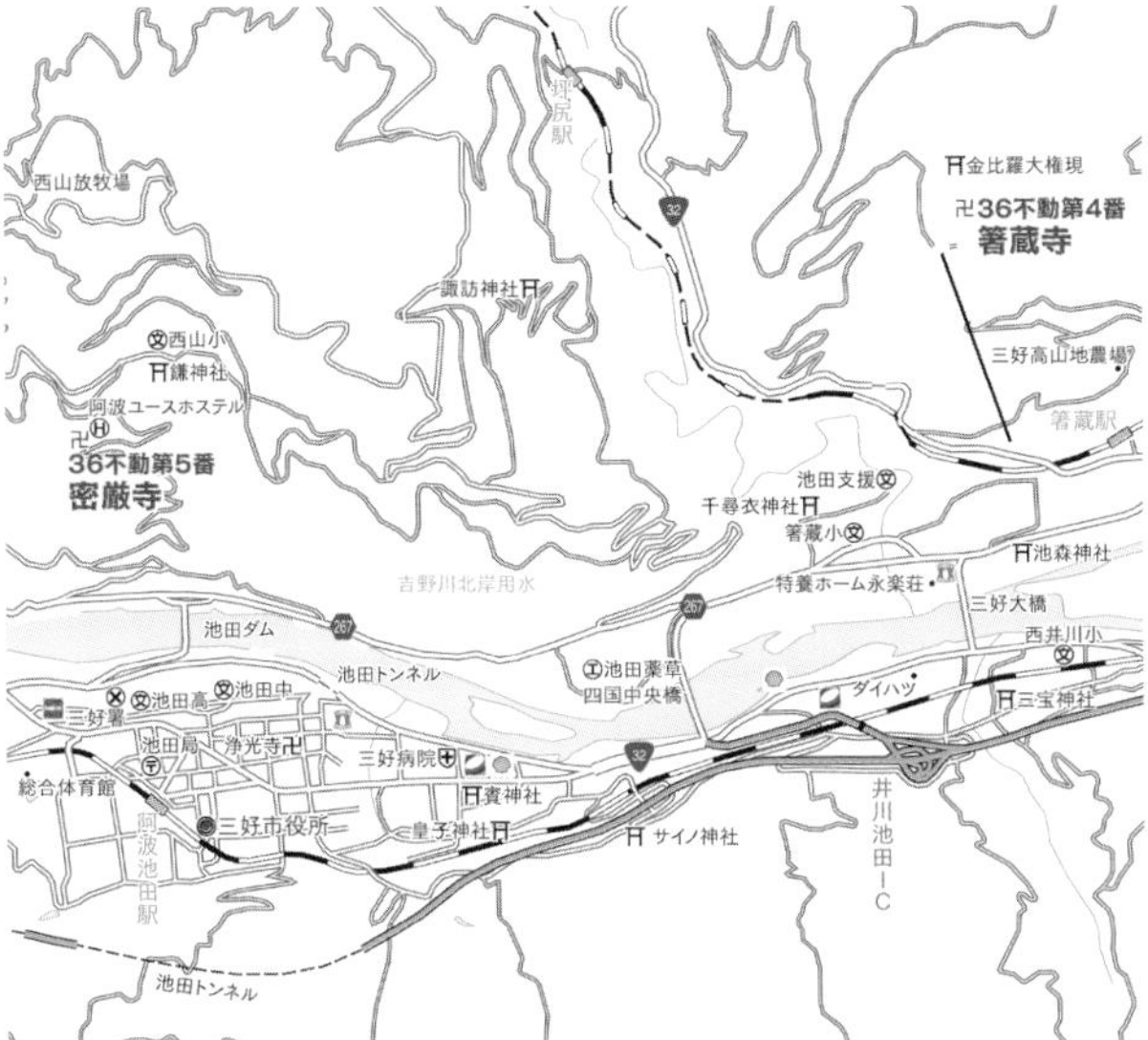

密厳寺　御宝印

アクセス

住所　徳島県三好市池田町西山佐古3798
電話　TEL0883・72・1548
　　　駐車場は境内にある
交通　JR土讃線阿波池田駅より5.5キロ
　　　6番不動院まで約4.7キロ

錐揉不動

四国三十六不動霊場　第六番

不《ふ》動《どう》院《いん》

秀磐山《しゅうばんざん》

童子　計子爾童子　けいしにどうじ
真言　オン　カク　マリ　ソワカ
開山　覚鑁上人
宗派　真言宗御室派
本尊　不動明王
真言　ノウマク　サンマンダ　バザラダン　センダン　マカロシャダ　ソワタヤ　ウンタラタ　カンマン

覚鑁上人の彫刻せし不動明王

第五番密厳寺から打ち戻り、吉野川に架かる三好大橋を徳島市方面に左折すると国道192号線沿い右手に秀磐山と扁額がかかる山門が見える。本尊不動明王は、白峯陵（香川県坂出市）に葬られた第七十五代崇徳天皇（1123～42）の太治二年（1127）、平安時代後期真言宗の高僧・覚鑁上人（諡号：興教大師）が彫刻した霊験新たなる不動明王を和歌山九度山村から寺号と共に移転、安置した。本堂は平成十九年五月、檀信徒の厚い信仰で落慶。

道路沿いに山門を構え、境内から吉野川対岸の山並みを眺望できる

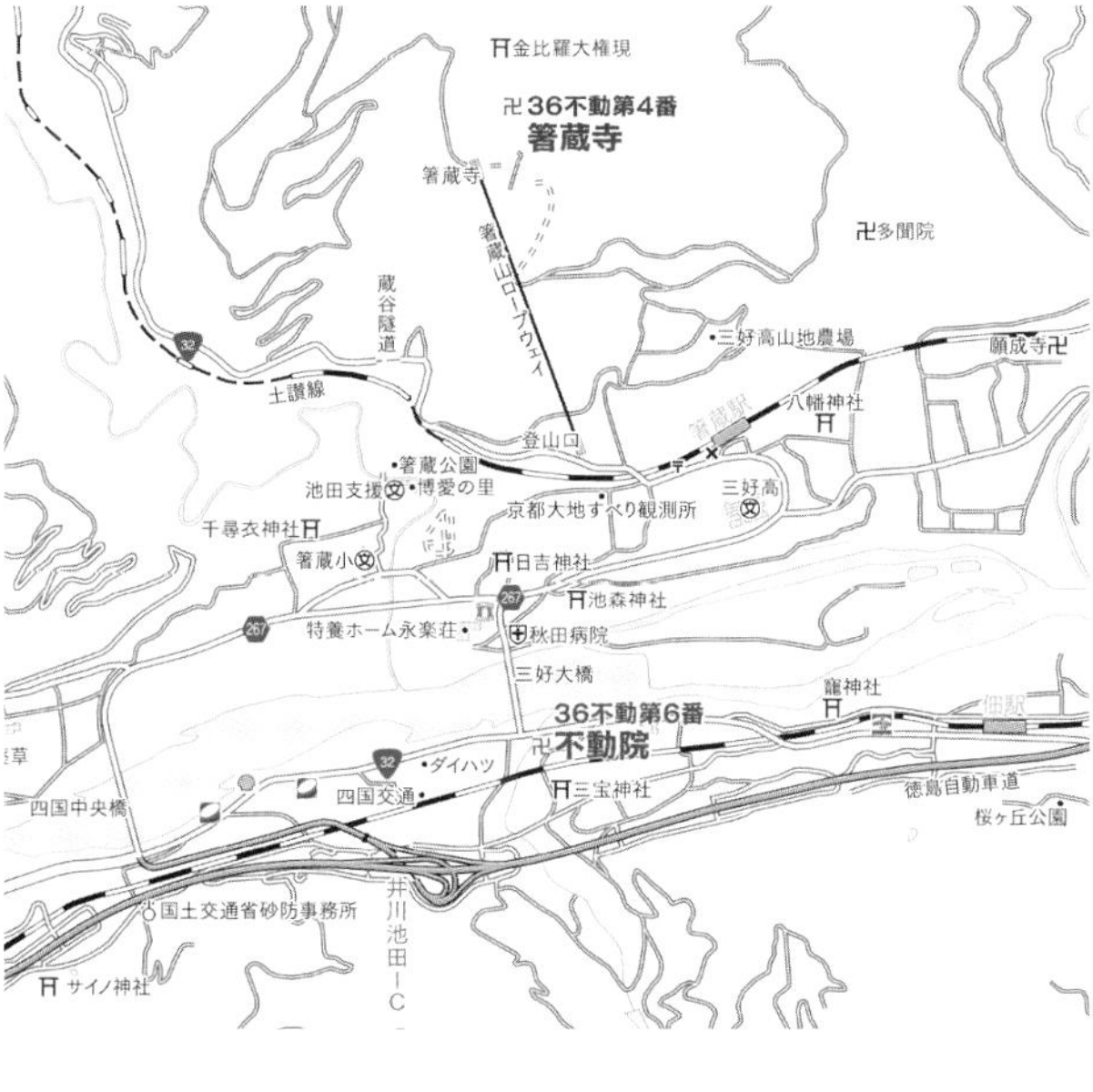

不動院　御宝印

アクセス

住所　徳島県三好市井川町西井川600
電話　TEL0883・78・2917
駐車場は境内にある
交通　JR土讃線箸蔵駅より約1.5キロ
7番加茂不動院まで約10キロ

加茂不動院《かもふどういん》

漆谷不動

四国三十六不動霊場　第七番

宝生山《ほうしょうざん》　福性寺《ふくしょうじ》

童子　智慧幢童子　ちえどうどうじ
真言　オン　ソンバ　サンバ　サンバンソワカ
開山　弘法大師
宗派　真言宗御室派
本尊　波切不動明王
真言　ノウマクサンマンダ　バザラダン　センダ　マカロシャダ　ソワタヤ　ウンタラタ　カンマン

遙拝所から加茂不動院を望む

本尊は大師が一夜彫りしたと伝えられる梵字像で別名を漆谷不動明王という。大正三年頃、加茂村の藤本又蔵さんが山林の手入れをして、祠の上にある岩に座り休んでいると不思議な腹の痛みがした。この話を福性寺の須藤僧正に話すと「お不動さんが拝んで欲しいと言うておいでじゃ」と言い、又蔵に拝み方などを教授。それで、又蔵は無礼を詫び一心に祈念すると、不動明王から広く衆生を救うべしとの霊託を得て不動堂を再建したと伝わる。

福性寺に納経所と遙拝所（本堂裏）がある、加茂不動院へは2キロの参道を歩く

加茂不動院　御宝印

福性寺から加茂不動院まで約4.5キロ、山道に入ると離合ができない険しい山道、車での参拝はお勧めできない。

アクセス

住所　徳島県三好郡三加茂町加茂3877
電話　TEL0883・82・2631
福性寺駐車場から遙拝所まで徒歩3分
交通　福性寺遙拝所はJR阿波加茂駅から約1.2キロ
8番長善寺まで約4.5キロ

除災不動

四国三十六不動霊場　第八番

中本寺《ちゅうほんじ》　駅路山《えきろざん》

長《ちょう》善《ぜん》寺《じ》

童子　質多羅童子　しったらどうじ
真言　ウン　タラマチ　シツタラ　ウンパツタ
開山　弘法大師
宗派　真言宗御室派
本尊　虚空蔵菩薩
真言　ナウボウ　アキャ　シャキャラバヤ　オンアリキャ　マリボリソワカ

お稲荷さんが同居する駅路寺

大同三年（808年）弘法大師の開基。七堂伽藍を構えていたが、天正十二年（1584）の出火で全焼し天正十三年に良玄僧正が再建。蜂須賀阿波守の祈願所として禄十石を賜り慶長三年（1598）駅路寺となる。現在の本堂は嘉永二年（1849）火災に遭い、萬延元年（1860）宥譲上人の再建。当山不動明王は、「ガン除け不動尊」として崇拝され、境内には三宝山稲荷も祀られ商工農産業の祈願所として開山以来連綿と人々の信仰を集めている。

サクラ、ツツジ、アジサイが境内を彩り、不動奥之院よりの眺望が素晴らしい

長善寺　御宝印

アクセス

住所　徳島県三好郡東みよし町中庄2586
電話　TEL0883・82・2358
駐車場から境内まで徒歩1分
交通　JR徳島線三加茂駅より東へ80m
9番明王院まで約21キロ

川田不動

四国三十六不動霊場　第九番

月光山《げっこうざん》　寶積寺《ほうしゃくじ》

明《みょう》王《おう》院《いん》

童子	召請光童子　ちょうしょうこうどうじ
真言	オン　マリ　ママリ　シユマリ　シエマリ　トドマリ　バツタ
開山	弘法大師
宗派	高野山真言宗
本尊	不動明王
真言	ノウマクサンマンダ　バザラダン　センダ　マカロシャダ　ソワタヤ　ウンタラタ　カンマン

多宝塔には六地蔵 毎年旧2月24日 地蔵会(お寺市) を奉安

寺伝では弘法大師が四国巡錫のおり、高越山に立ち寄り開基したと伝えられる。天正二年(1574)十二月、要全大徳師を中興の祖とし、伽藍を整備し法灯を守る。根来相承の大聖不動明王法に則して、天下泰平・諸民快楽を厳修され、毘沙門天と共に不動明王を勧請された。第十八世快龍上人が安政五年(1853)に建立した本堂が老朽化したので、檀信徒の寄進に寄り本堂再建に着手し、平成八年一月二十八日に落慶法要が営まれた。

隣の山麓には一周すると西国三十三霊場巡りができる石碑が輪になって並ぶ

明王院　御宝印

アクセス

住所　徳島県吉野川市山川町井上214
電話　TEL0883・42・4331
駐車場は境内に隣接
交通　JR徳島線阿波山川駅より2.5キロ
10番東禅寺まで約24キロ

南島不動

四国三十六不動霊場　第十番

摩尼山《まにさん》　長嚴院《ちょうごんいん》

東《とう》禅《ぜん》寺《じ》

童子　不思議童子　ふしぎどうじ
真言　オン　ロケイ　ソワカ
開山　不詳
宗派　真言宗大覚寺派
本尊　不動明王
真言　ノウマクサンマンダ　バザラダン　センダ　マカロシャダ　ソワタヤ　ウンタラタ　カンマン

手を触れて祈願する不動明王

不動堂奥殿に鎮座する不動明王は、明治三十八年（1905）に、下総成田山新勝寺より成田不動尊の御分体を勧請。以来、身代り不動尊として万民農楽、厄難排除、交通安全祈願などに霊力がありと遠近の崇拝を集めている。平成の時代に入り、先代の宥雄大僧正がこの不動明王像の前立ちとして、新たに不動明王像を発願。毎月、旧二十八日の護摩供の後、参拝者が直にこの不動明王像に手を触れ、所願成就を祈願している。

南北朝時代の創建と伝わり、慶長年間の検地帳には東前寺の名で記載されている

東禅寺　御宝印

アクセス

住所　徳島県名西郡石川町高川原南島459－1
電話　TEL088・674・0265
駐車場は境内に隣接
交通　JR徳島線石井駅より約1.5キロ
11番童学寺まで約4キロ

脳天不動

四国三十六不動霊場　第十一番

東明山《とうめいさん》 別格本山《べっかくほんざん》

童《どう》学《がく》寺《じ》

童子　羅多羅童子　らたらどうじ
真言　オン　ラタ　ラタ　ラマ　ラマ　ソワカ
開山　行基菩薩
宗派　真言宗善通寺派
本尊　薬師如来
真言　オン　コロコロ　センダリ　マトウギ　ソワカ

いろは歌を創作した学問所

飛鳥時代（592〜710）に創建された四国最古の寺といわれ、弘法大師が幼少の頃、当寺で書道や密教などを学び、『いろは四十八文字』を創作。その由緒から寺号を童学寺と称し、学業成就の寺として広く知られる。弘仁六年（815）、弘法大師が42歳のときに再び当寺を訪れて伽藍を整備し、自らが彫刻した薬師如来、阿弥陀如来、毘沙門天などを安置したという。天正年間（1573〜92）に兵火を受けて全山焼失したが、元禄年間（1688〜1704）に再建された。

衆生を苦しみや災い、心頭に巣くう病から救ってくれる脳天不動明王を祀る

童学寺　御宝印

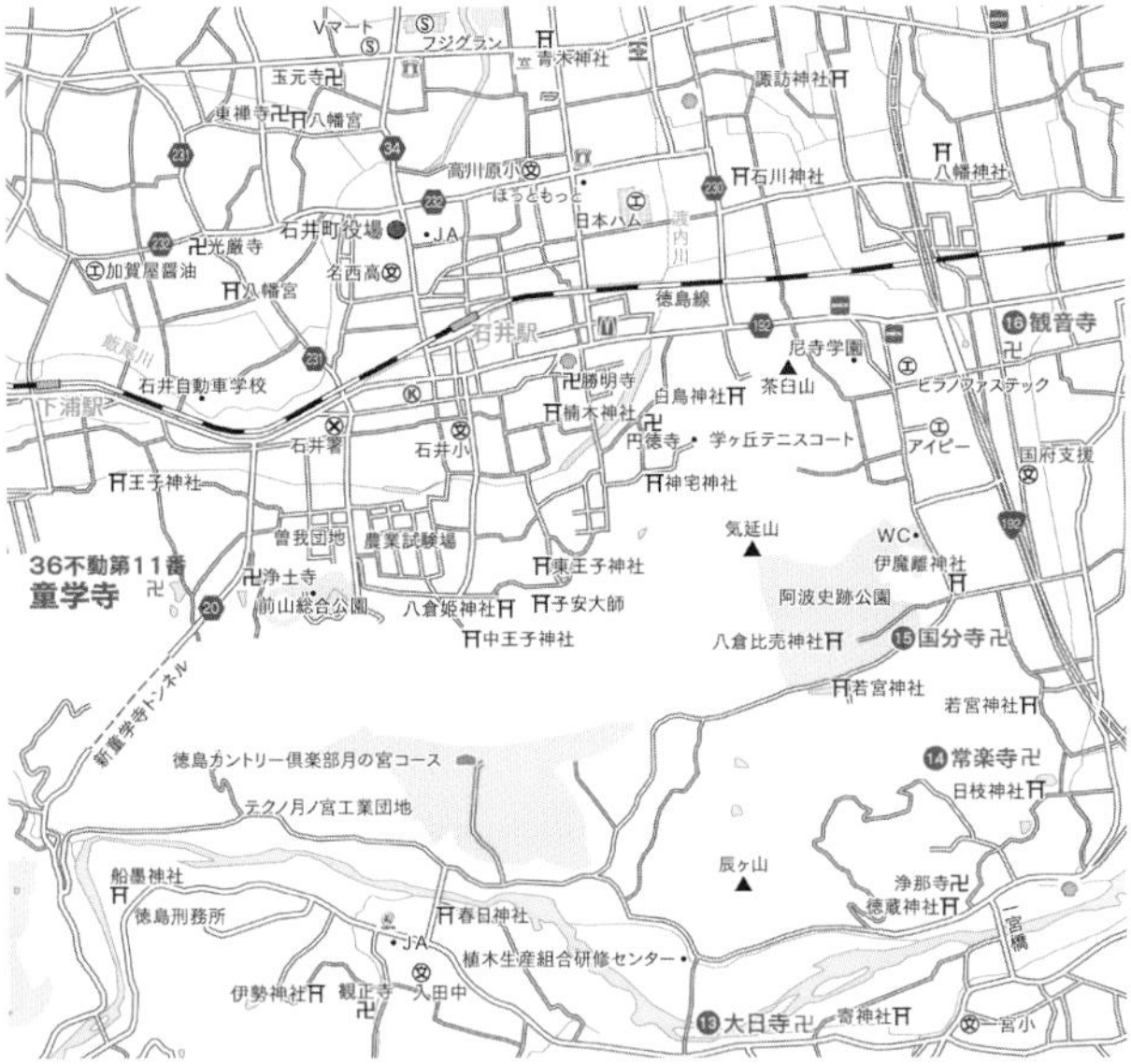

アクセス

住所　徳島県名西郡石井町石井城ノ内605
電話　TEL088・674・0138
　　　駐車場は境内にある
交通　JR徳島線下浦駅より約2キロ
　　　12番建治寺まで約9キロ

身代瀧不動

四国三十六不動霊場　第十二番

大瀧山《おおたきさん》

建《こん》治《じ》寺《じ》

真言　オン　バサラ　クシャ　アランジャ　ウン　ソワカ
本尊　金剛蔵王大権現
宗派　東寺真言宗
開山　役行者（神変大菩薩）
真言　オン　ハラ　シツ　ビタマニ　アンヲン　ソワカ
童子　波羅波羅童子　はらはらどうじ

行場に身代り不動尊を祀る

天智天皇（661〜71）の頃、役行者が衆生を済度すべく大峯山に上り、「末世の濁世降魔の尊を……」と祈念していると、一天にわかにかき曇り、大地鳴動して金剛蔵王大権現が出現。その尊像を本尊として祀り、創建したと伝わる。弘法大師が四国巡錫の折、当山にて逗留、本尊金剛蔵王大権現を感得。大師は、斎戒沐浴して尊像を彫刻し本堂岩窟に安置。その後、阿波藩主・蜂須賀家の祈願所として変遷。現在、阿吽二体の金剛蔵王大権現像（弘法大師作は阿形・蜂須賀公は吽形）が岩窟奥に祀られる。

病気平癒、開運、火伏、人生悩み事の相談などのご利益を授かる

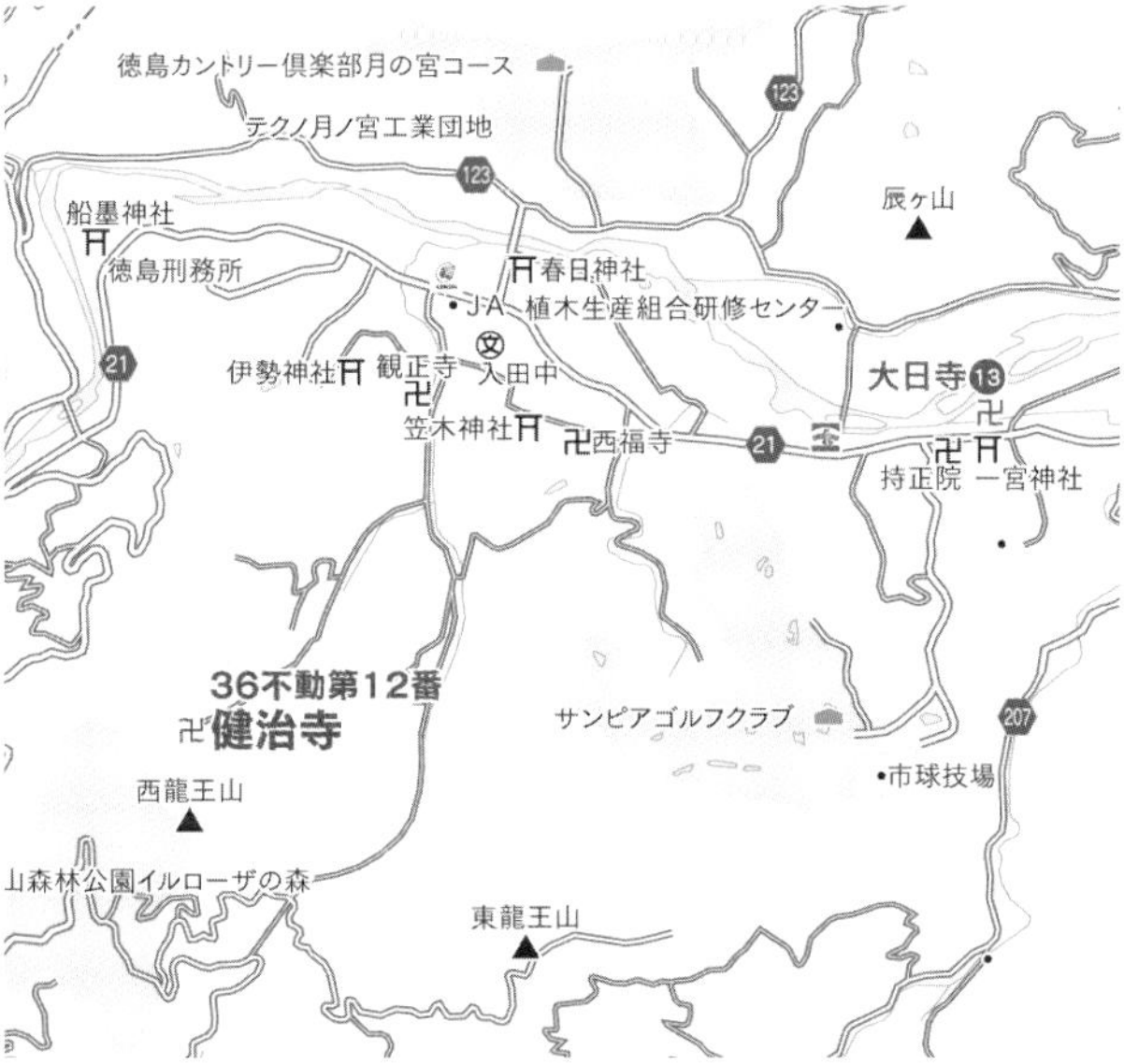

建治寺　御宝印

アクセス

所　徳島県徳島市入田町金治230
電話　TEL088・644・1232
駐車場から境内まで徒歩3分
交通　JR徳島線下浦駅より約10キロ
13番密厳寺まで約13キロ

新居不動

四国三十六不動霊場　第十三番

降摩山《こうまさん》

密《みつ》厳《ごん》寺《じ》

童子　伊醯羅童子　いけいらどうじ
真言　オン　ダギニ　エイ　ソワカ
開山　行基菩薩
宗派　高野山真言宗
本尊　不動明王
真言　ノウマク　サンマンダ　バザラダン　センダ　マカロシャダ　ソワタヤ　ウンタラタ　カンマン

諸災消除万民豊楽の祈願所

行基菩薩が諸国を遍歴した時、当地に立ち寄り、霊木にて不動明王像を謹刻して安置。後に、弘法大師がこの尊像を深く帰依せられ、逆瀬川の洪水で苦しんでいる住民を救おうと七日に渡り秘法護摩供を厳修。

長宗我部軍の兵火に罹るが蜂須賀藩主の庇護を受け再興。江戸中期、安永の時代から諸災消除、万民豊楽の祈願所として信仰を集めている。春には白漆喰の山門に桜が映える。本堂は入母屋で唐向拝を持ち横には大師堂が並ぶ。他に、厄除け薬師を納める薬師堂や車不動堂、地蔵堂などの祠がある。

安永の時代(1772～)から諸災消除、万民豊楽の祈願所として信仰を集める

密厳寺　御宝印

アクセス

住所　徳島県徳島市不動本町1－258
電話　TEL088・631・0139
　　　駐車場は境内に隣接
交通　JR徳島線蔵本駅よりより約2キロ
　　　14番正光寺まで約51キロ

華不動

四国三十六不動霊場　第十四番

向栄山《こうえいざん》

正光寺《しょうこうじ》

童子　獅子光童子　ししこうどうじ
真言　オン　マリ　タリタリ　ソワカ
開山　快増上人
宗派　高野山真言宗
本尊　地蔵菩薩
真言　オン　カカカビ　サンマエイ　ソワカ

美しい花々と心和む庭園

正中元年（1324）の開創と伝えられている。観音堂には仁宇村柏木家の守本尊を安置。元禄七年（1694）に再興、落慶供養が行われた。また、廃寺・蓮光寺の地蔵菩薩を合祀し、山門の棟札に宝永三年（1717）の銘が残る。

不動尊縁起に、弘法大師が阿波の太竜降伏、悪魔退散のために不動尊を祀って往来の安全を祈願したという由緒から、交通安全に霊験がある。境内には樹齢四百余年の天然記念物の観音杉があり、4月になるとハクモクレンが純白で可憐な花を咲かせる。

重厚な石垣に重層造りの楼門を構え、観音堂は県南最古で元禄10年（1697）の木造建築

正光寺　御宝印

アクセス

住所　徳島県那賀郡那賀町平野字妙見前37
電話　TEL0884・62・1304
　　　駐車場から境内まで徒歩1分
交通　JR牟岐線桑野駅より約19キロ
　　　15番極楽寺まで約130キロ

波切不動

四国三十六不動霊場　第十五番

極《ご》楽《らく》寺《じ》

八流山《やながれさん》

童子　獅子慧童子　ししえどうじ
真言　オン　マイ　タリヤ　ソワカ
開山　田鍋寛道
宗派　真言宗醍醐派
本尊　波切不動明王
真言　ノウマク　サンマンダ　バザラダン　センダ
マカロシャダ　ソワタヤ　ウンタラタ　カンマン

断崖から海岸線を見下ろす

境内から雄大な太平洋を望む極楽寺は、千丈岩という岩場に建っており、弘法大師が修行された場所と伝わる。大正十二年（1923）この霊跡に、先住僧師が民衆の幸福、航海安全、病気平癒、家内安全等の祈願のため、一願不動尊を刻み安置し創建したという。この辺りは、安芸領主・安芸国虎が長宗部元親に敗れた八流古戦場。安芸市は、童謡作曲家弘田龍太郎の生誕地。「雨」や「金魚の昼寝」などの曲碑が遍路道に建立されている。

国道55号線サイクリングロード遍路道沿いに建つ

極楽寺　御宝印

アクセス

住所　高知県安芸市赤野甲1771-1
電話　TEL 0887・35・5612
駐車場は境内に隣接
交通　土佐くろしお鉄道穴内駅より約2キロ
16番極楽寺まで約35キロ

身代不動

四国三十六不動霊場　第十六番

天法山《てんぽうざん》　南光院《なんこういん》

極楽寺《ごくらくじ》

童子　阿婆羅底童子　あばらちどうじ
真言　ノウマク　ケン　サクソワカ
開山　喜道和尚
宗派　真言宗醍醐派
本尊　不動明王
真言　ノウマク　サンマンダ　バザラダン　センダ　マカロシャダ　ソワタヤ　ウンタラタ　カンマン

土佐七福神霊場の大黒天を祀る

本尊不動明王は、開山喜道和尚が感得した霊像にして、身代わり不動尊として信者の崇拝を受けている。境内に岩を組み上げて護摩堂が建ち、佛足石が本堂の左にある。当寺の佛足石は、聖地ブッダガヤの菩提樹の根元に安置されている最古の佛足石（紀元前三世紀頃）を造った末裔の佛師により、実物と同質の石材で同型に彫刻したという。台座には、釈迦が説法を行った初転法輪の聖地サルナートの石と聖なるガンジス河の水を納めている。

土佐七福神霊場の大黒天を祀る極楽寺、鯨に乗った大黒天の石像がある

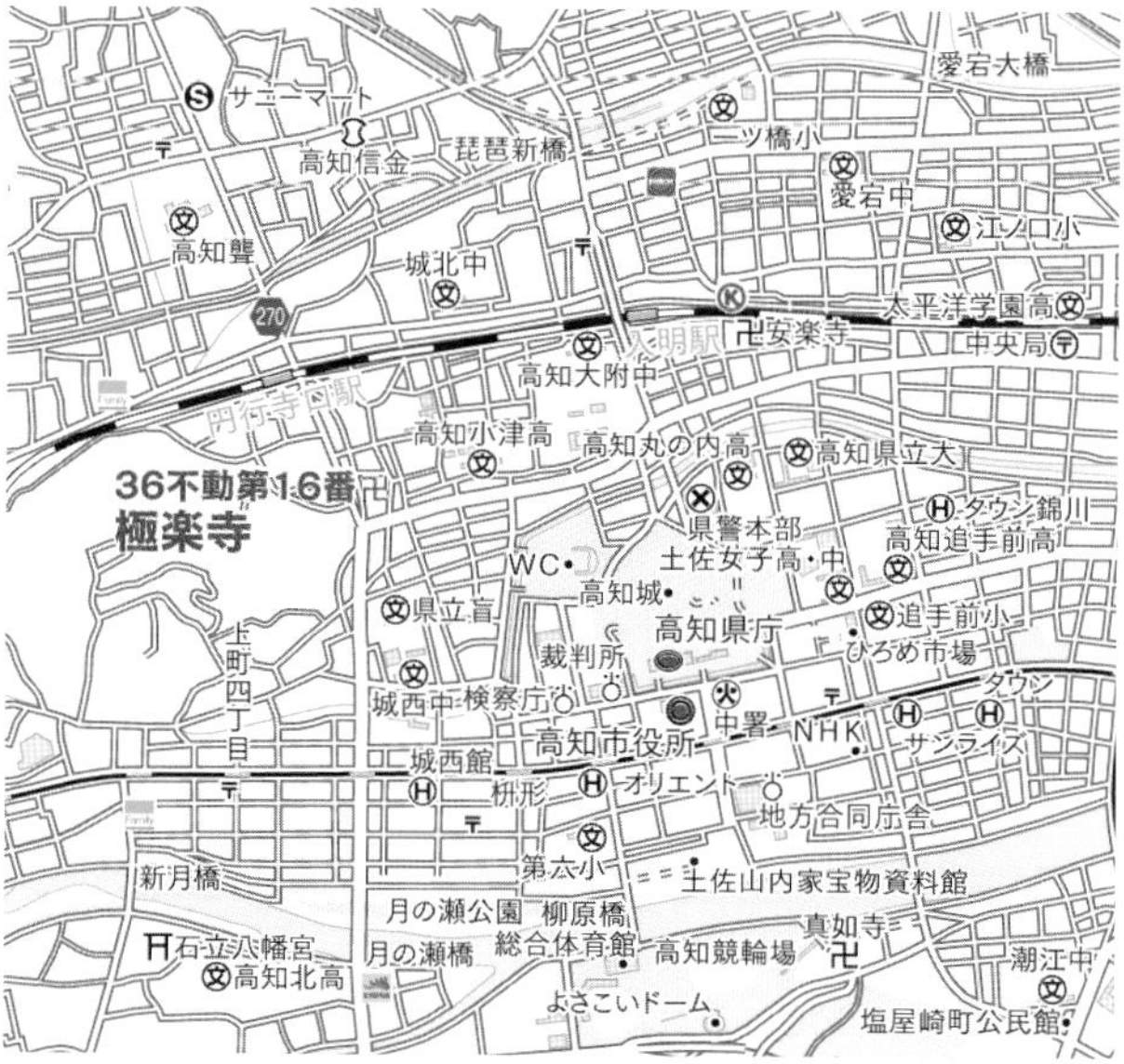

極楽寺　御宝印

アクセス

住所　高知県高知市新屋敷一丁目5-20
電話　TEL088・875・2804
駐車場は境内のみ
交通　JR土讃線円行寺口駅より約0.5キロ
17番宗安禅寺まで約9.5キロ

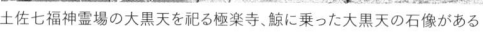

川上不動

宗《そう》安《あん》禅《ぜん》寺《じ》

四国三十六不動霊場　第十七番

朝日山《ちょうにちざん》

童子　持堅婆童子　じけんばどうじ
真言　オン　マンシン　ダラニ　ソマヤ　ソワカ
開山　双峰国師
宗派　臨済宗妙心寺派
本尊　不動明王
真言　ノウマク　サンマンダ　バザラダン　センダ
マカロシャダ　ソワタヤ　ウンタラタ　カンマン

高知県随一の木造坐像を安置

日本三大不動尊の一つで、六十年に一度御開帳される川上不動尊。左右の脇佛、持国天立像と増長天立像は、鎌倉時代に弘野大師が彫刻されたと言い伝えられている。明王は、旧領家横也村に安置されていたが、大洪水で堂舎が川下に押し流され、宗安禅寺の藤蔓に掛り、寺に安置されたという。時代が元禄と変わり、祖文和尚により現在の不動明王像が再興され、お釈迦様の守り本尊として祀られ、明治時代に国の重要文化財の指定を受けた。

本堂の奥に護摩堂と不動塔が建ち、五月になると山々が藤色に染まる

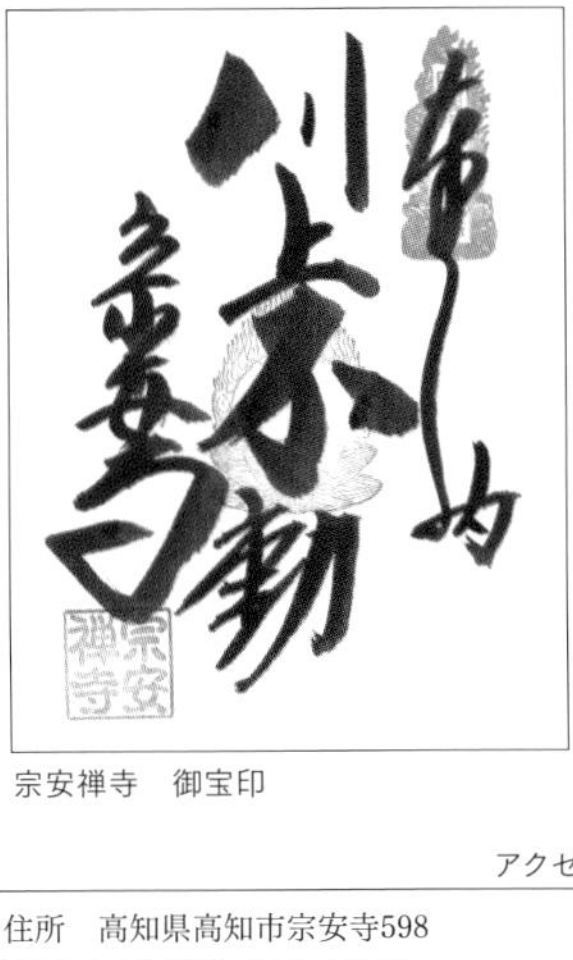

宗安禅寺　御宝印

アクセス

住所　高知県高知市宗安寺598
電話　TEL088・844・3003
駐車場は境内に隣接
交通　JR土讃線朝倉駅より約3キロ
18番浄土時まで約150キロ（高速道経由）

浄《じょう》土《ど》寺《じ》

身代不動

四国三十六不動霊場　第十八番

護《ご》皇《こう》山《ざん》　天《てん》龍《りゅう》院《いん》

童子　利車毘童子　りしゃびどうじ
真言　オン　シバレイ　ソワカ
開山　一遍上人
宗派　真言宗醍醐派
本尊　大日如来
真言　オン　アビラウンケン　バザラダトバン

老楽観音、極楽往生祈願寺

鎌倉時代、文永十一年（1274）に一遍上人が伊予国守・越智通秀公の寄進により、承久の乱で戦死した武将たちの霊を慰めるために建てた寺。天正三年（1575）、時宗から真言宗に改宗して身代り不動明王を迎え、万民豊楽の祈祷寺として今日に至る。昭和五十年十月、弘法大師のお告げによるほっこり往生老楽観音菩薩が刻まれ五十九年に開眼、本堂に安置された。この観音様を信仰すると、心身が健康になって長生しした上に、死ぬ時はほっこりと安らかに極楽往生できると伝わる。

延命長寿と極楽往生を祈願する「ほっこり往生老楽観音菩薩」が祀られる本堂

浄土寺　御宝印

アクセス

住所　愛媛県東温市下林甲1671
電話　TEL089・964・3540
　　　駐車場から境内まで徒歩2分
交通　伊予鉄郊外電車見奈良駅より約1.8キロ
　　　19番宝寿寺まで約24キロ

宝《ほ》寿《うじゅ》寺《じ》

一願不動

四国三十六不動霊場　第十九番

七宝山《しっぽうさん》　玉蔵院《ぎょくぞういん》

童子　法挟護童子　ほうきょうごどうじ
真言　オン　ギヤキテイ　トンバンバ　キリク
開山　聖徳太子
宗派　信貴山真言宗
本尊　毘沙門天
真言　オン　ベイシラマンダヤ　ソワカ

聖徳太子、松山・道後温泉へ

用命天皇二年聖徳太子の開山で、毘沙門天王が日本で最初に出現した地。聖徳太子が謹刻された天王が祀られている。醍醐天皇の他、歴代皇室の加護も厚く、信ずべき貴き山として信貴山と呼ばれている。

弘法大師が大和信貴山(奈良県生駒郡)で修行されていた時、霊木に一刀三礼にて謹刻された不動尊を本尊である毘沙門天王と共に分霊、この地に松山別院として祀られた。また、当山の不動明王は一願不動尊とも呼ばれ、一願一度の功力が得られると伝えられる。

聖徳太子所縁の四国霊場第52番太山寺から3.5キロ、住宅街の一角に建つ

宝寿寺　御宝印

アクセス

住所　愛媛県松山市内宮町11-1
電話　TEL089・979・0242
駐車場は境内に隣接
交通　JR予讃線堀江駅より約1.5キロ
20番光林寺まで約35キロ

摩尼不動

四国三十六不動霊場　第二十番

摩尼山《まにさん》　寶塔院《ほうとういん》

光《こう》林《りん》寺《じ》

童子　因陀羅童子　いんだらどうじ
真言　オン　インダラヤ　ソワカ
開山　徳蔵上人
宗派　高野山真言宗
本尊　不動明王
真言　ノウマク　サンマンダ　バザラダン　センダ
　　　マカロシャダ　ソワタヤ　ウンタラタ　カンマン

至上の世界へ導く不動明王

大宝元年（701）、文武天皇の勅命を受けた徳蔵上人が開創。大同元年（806）、唐より帰国途中の弘法大師が光林寺に立ち寄られ、法相宗から真言宗に改宗。天長3年（826）弘法大師の奏聞に因り、淳和天皇の勅願として七堂伽藍が完成し、四十九院の根本道場となる。天禄3年（972）回禄の変により、一時灰燼に帰すが、長久3年（1042）後孔雀天皇の勅願で伊予守源頼義公の奉行をえて堂塔の再建が図られた。

本堂は、元禄十四年（1701）開山一千年を記念して、今治城主により再建

光林寺　御宝印

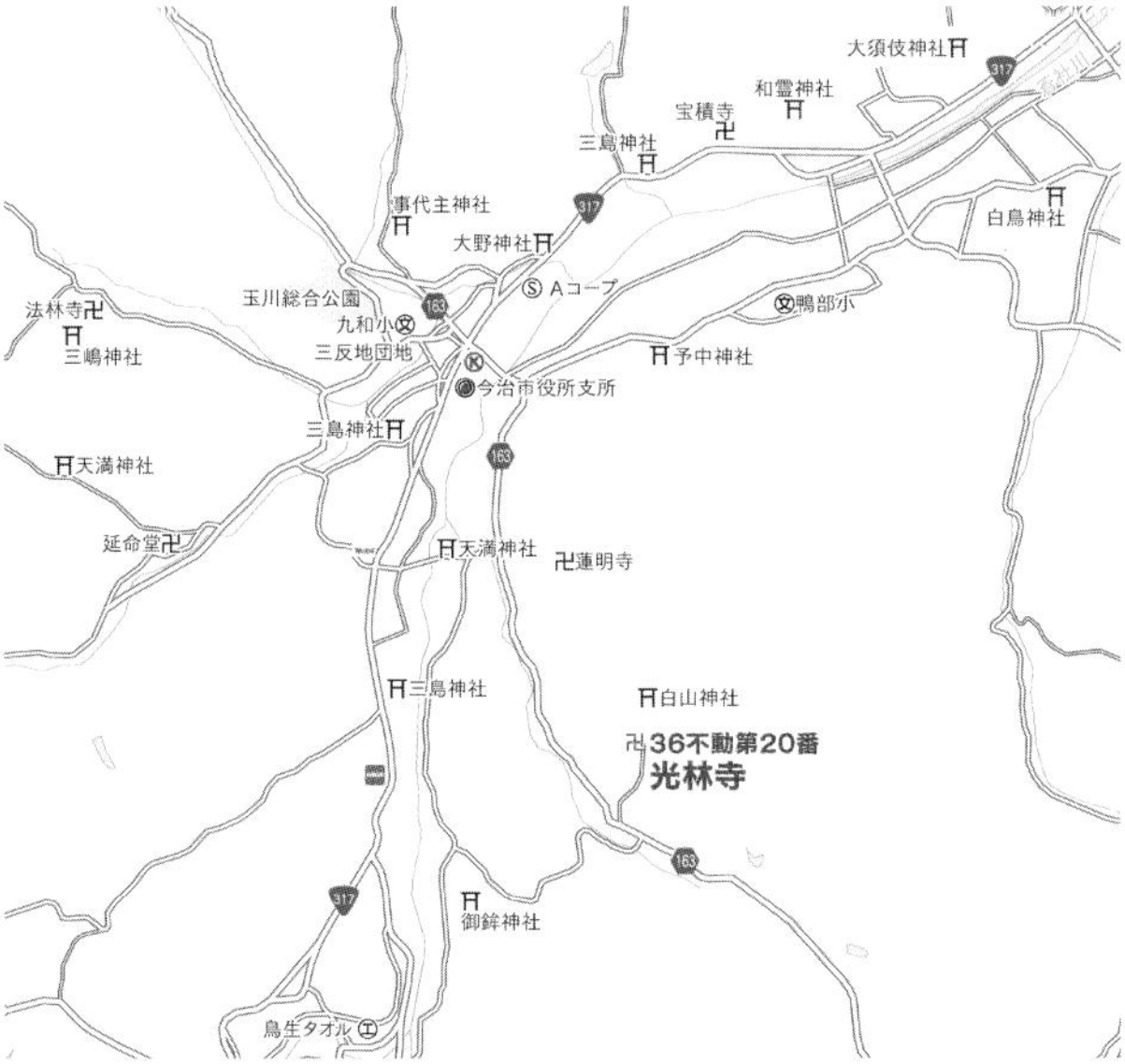

アクセス

住所　愛媛県今治市玉川町畑寺甲530
電話　TEL0898・55・2438
　　　駐車場から境内まで徒歩1分
交通　JR予讃線今治駅より約10キロ
　　　21番満願寺まで約17キロ

満願不動

四国三十六不動霊場 第二十一番

金毘羅山《こんぴらさん》

満《まん》願《がん》寺《じ》

童子 大光明童子 だいこうみょうどうじ
真言 ノウマク サマンダ カンマン キリク
開山 道慈律師
宗派 高野山真言宗
本尊 薬師如来
真言 オン コロコロ センダリ マトウギ ソワカ

願いが叶う護摩堂の満願不動

天平六年(734)、中国から三論の法を学び帰国した道慈律師が、南海道巡錫中に満願寺に立ち寄り、本尊開眼法要の導師を務め開創したと伝わる。守護地頭の時代から地方の権力者との結びつきが強く、戦国時代は霊仙山城主・中川山城守親武の祈願所だった。

天正十三年(1585)、豊臣秀吉の四国征伐軍が来攻し、霊仙山城は落城して本陣である満願寺は放火され、寺の全てを焼失。後に、本堂北方の山頂に諸仏の守護神である金毘羅大権現を奉斎して庶民の信仰を集める。

護摩を焚いて満願が祈られる不動堂

満願寺 御宝印

アクセス

住所 愛媛県今治市朝倉下甲145
電話 TEL0898・56・2057
駐車場から境内まで徒歩1分
交通 JR予讃線伊予桜井駅より約3キロ
22番興隆寺まで約15キロ

身代不動

四国三十六不動霊場 第二十二番

仏王山《ぶつおうざん》 仏眼院《ぶつがんいん》
別格本山

興《こう》隆《りゅう》寺《じ》

童子　小光明童子　しょうこうみょうどうじ
真言　オン　シンバラ　ソワカ
開山　空鉢上人
宗派　真言宗醍醐派
本尊　千手観音菩薩
真言　オン　バザラ　タラマ　キリク

源義朝公再建（１３７５）の本堂

人皇第三十五代皇極天皇（６４２～６４５）の御代、空鉢上人の開基。その後、行基菩薩、報音大師、弘法大師の入山あり。延暦年間に桓武天皇（７８１～８０６）の勅願寺となり七堂伽藍を整えたと伝わる。皇室を始め源頼朝、河野家、久松家等の武門、地域信徒の崇敬厚く現在に至る。

当山不動明王は、「身代り不動尊」と呼ばれ本尊千手観音の「汝、行きて衆生の厄難身に代わるべし」という法言により、善男善女の信仰を集める。宝物館には、飛鳥時代の釈迦金銅仏や西山文書など、貴重な宝物を収蔵している。

季節の花木に彩られる境内は、名勝に指定されている

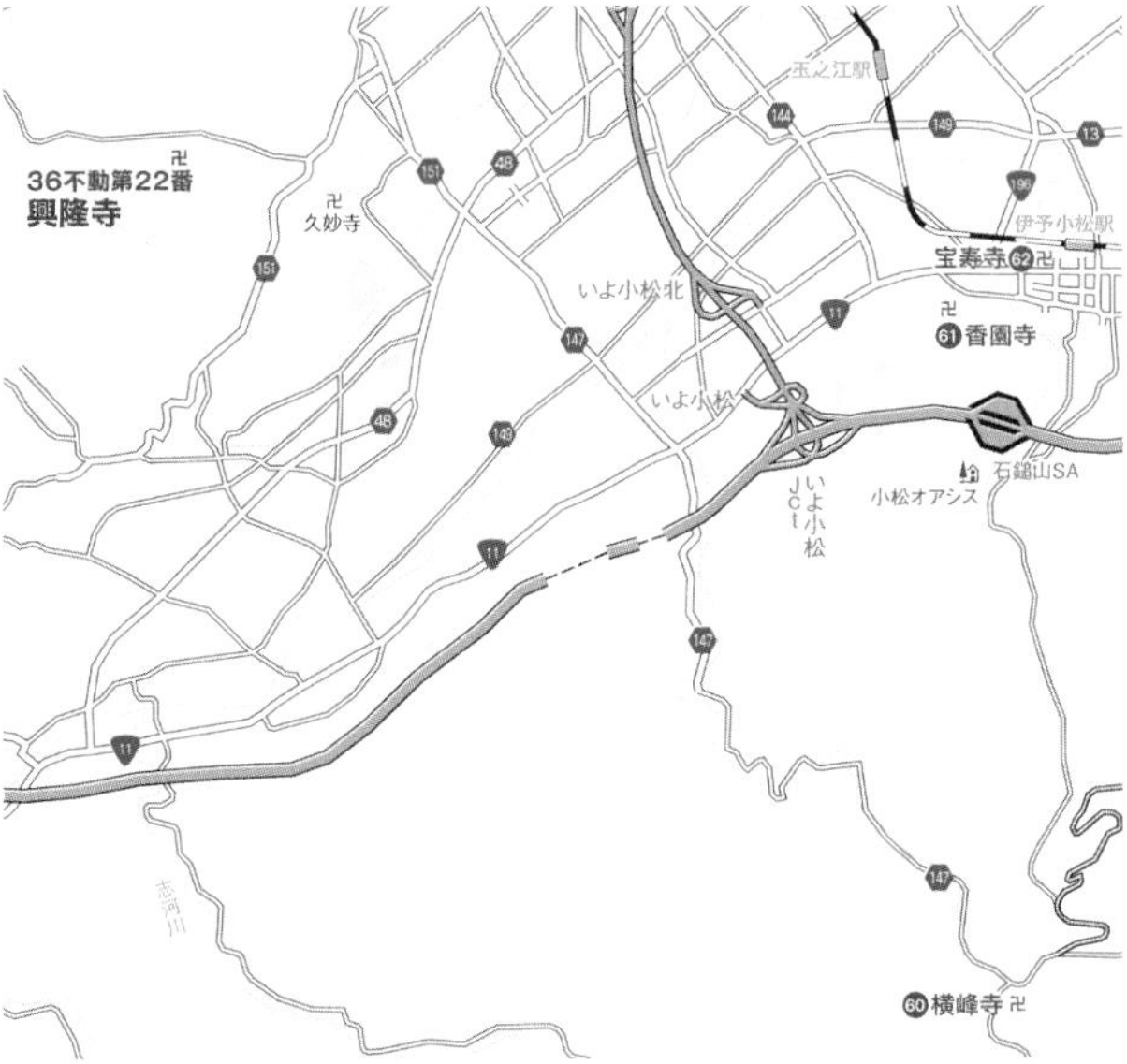

興隆寺　御宝印

アクセス

住所　愛媛県西条市丹原町古田1657
電話　TEL0898・68・7275
駐車場から境内まで徒歩5分
交通　JR予讃線玉之江駅より約8キロ
23番極楽寺まで約21キロ

波切不動

四国三十六不動霊場　第二十三番

石鎚山《いしづちさん》　総本山《そうほんざん》

極《ご》楽《らく》寺《じ》

童子　仏守護童子　ぶっしゅごどうじ
真言　オン　アボギヤ　バダラヤ　ソワカ
開山　役の行者　神変大菩薩
宗派　石鎚山　真言宗
本尊　弥陀三尊・石鎚蔵王大権現
真言　オン　アミリタ　テイセイ　カラウン
　　　オンバザラ　クシャ　アランジャウン

石鎚山岳宗教の一大修験道場

天武天皇（673〜86）の頃、役の行者神変大菩薩が石鎚山に入山し龍王山に籠られ、毎日不動ヶ滝で身を清め、衆生済度、密厳浄土を祈願しつつ厳しい修行を続けられた。

数年後、満願の日に紫雲たなびき、金色に輝く阿弥陀如来を中央に、観世音菩薩、勢至菩薩の三尊仏が現れたという。行者は中央の本尊を「石鎚金剛蔵王大権現」、両脇立を「龍王吼蔵王大権現」「無畏宝吼蔵王大権現」とし一字を建立し奉祀。蔵王大権の御尊体を奉持し続け、この三尊を本尊として千三百年の法灯を守り続ける。

蔵王殿内陣

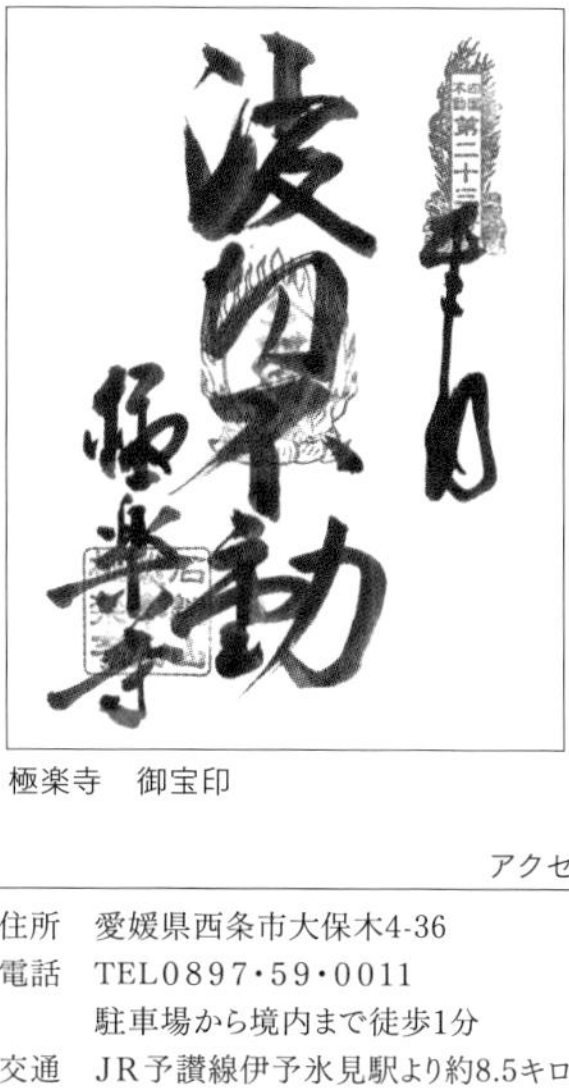

極楽寺　御宝印

アクセス

住所　愛媛県西条市大保木4-36
電話　TEL0897・59・0011
　　　駐車場から境内まで徒歩1分
交通　JR予讃線伊予氷見駅より約8.5キロ
　　　24番隆徳寺まで約28キロ

隆徳寺《りゅうとくじ》

鳴鐘不動

四国三十六不動霊場　第二十四番

鳴鐘山《なるかねざん》

童子　法守護童子　ほうしゅごどうじ
真言　オン　キマレイ　ソワカ
開山　不明
宗派　高野山真言宗
本尊　聖観世音菩薩　不動明王
真言　オン　アロリキヤ　ソワカ
ノウマク　サンマンダ　バザラダン　センダ
マカロシャダ　ソワタヤ　ウンタラタ　カンマン

仁王像が彫られている石門

文亀二年（1502）創建で、古くから浦戸神社の別当寺として神社とともに栄え、神仏混交の時は浦渡寺として地方の人々に親しまれていた。しかし、浦渡寺も天正の陣の兵火を免れる事はできずに焼失したという。

明治四十三年（1910）に及んで新居浜駅東北方の正光山に在った正光寺を合併して隆徳寺と改めた。その時以来、浦渡寺の本尊不動明王と正光寺の本尊であった聖観世音菩薩が合祀されている。

悪魔降伏、息災延寿、幼児の夜泣き癇むし等にご利益があるという

隆徳寺　御宝印

アクセス

住所　愛媛県新居浜市外山町7-9
電話　TEL0897・41・6833
駐車場から境内まで徒歩1分
交通　JR予讃線新居浜駅より約2キロ
25番法律寺まで約14キロ

四国三十六不動霊場巡拝のすすめ

平成元年、四国三十六不動霊場は、弘法大師信仰の究極は、不動信仰を持って円成するという強い信念により開創されました。六波羅蜜修行道場であります四国三十六不動霊場を巡拝することにより、お不動さまとお大師さまの尊い教えを体感し、「福徳」と「智慧」のご利益を賜り、生涯修行の道を歩まれることをお薦め致します。

霊場会では、春に「不動の火祭り」秋には「不動の大祭」を実施しています。「不動の火祭り」では、柴燈護摩を焚き参拝者と共に所願成就を祈願し、無病息災を念じ火渡り行を実施しています。会場では、「三十六童子お砂踏み道場」を開設していますので、心願成就を願いお参り下さい。

詳しくは、事務局へお問い合わせ下さい。

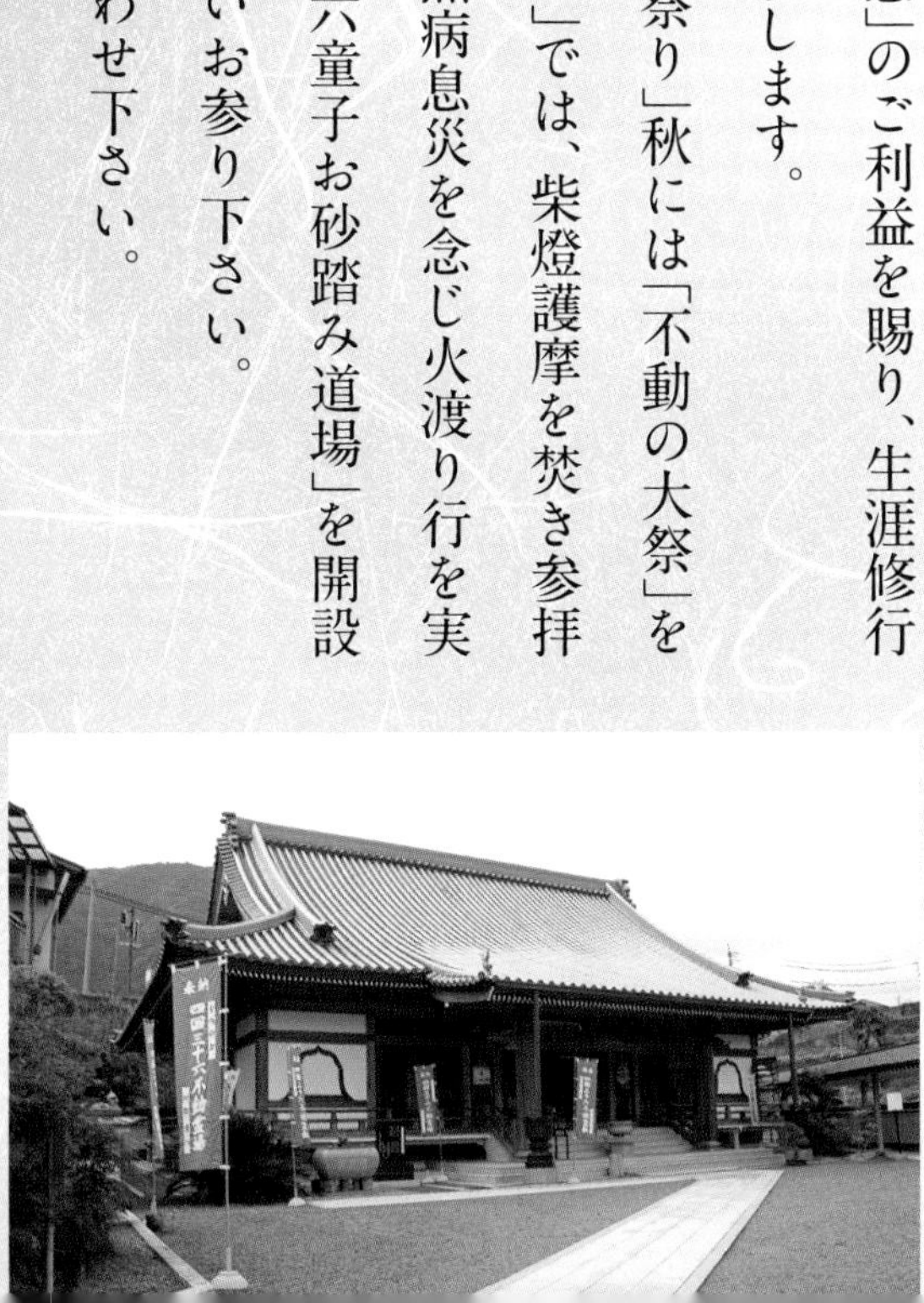

お不動さまは、我々衆生を救わんが為に、四弘願という願いをもたれています。

我が身を見るものは、菩提心を発し
我が名を聞く者は、惑を断って善を修し
我が説を聴く者は、大智慧を得
我が心を知る者は、即身成仏す

と説かれています。常に、私たちを見守ってくださいますお不動さまの力を信じて六波羅蜜修行に精進しましょう。私たちは皆、お不動さまの大切な命の中に生きているのです。

お不動さまは、原名を「アチャラナータ」と言い、アチャラとは動かないもの、不動で、また山と言う意味もあります。ナータは尊いもの、つまり不動尊ということになります。

『底哩三昧耶経』には、「不動とは、これ真浄の菩提の心なり」とあり、微塵も揺るぐことない菩提心を「不動」という言葉で表しています。お不動さまは、大日如来の子として愛くるしい姿（童子形）で生まれ働いていましたが、度重なる人間の強欲でその姿をより忍耐強いものに変えていき現在のお不動さまのお姿になられたのです。お不動さまには使者として働いている三十六の童子がいます。不動霊場開創二十五周年事業として、各寺院に「お迎え童子」三十六童子像を、巡拝者の祈願成就のために建立しました。

お不動さまの眷属として、私たちに力を与えてくださる三十六童子は、それぞれの誓願を持っています。各霊場寺院において、童子のお名前・真言を称え、教え・誓いを心に刻むことにより、お不動さまからの恵み（菩提心を強くすること）をいただくことができます。六波羅蜜修行を実践することにより、自然やいのちに対してより深い感謝の念を持つようになります。

不動霊場巡拝を通じて、多くの方々がお不動さまと有難いご縁を結ばれ、お加持を受けられますよう、霊場会・先達会一同心よりお祈り申し上げます。

合掌

四国三十六不動霊場会　事務局

第六番不動院　住職　白井　正道

眼《けん》寿《じゅ》院《いん》

四国三十六不動霊場　第二十五番

五寶山《ごほうざん》　法律寺

童子　僧守護童子　そうしゅごどうじ
真言　キリク　サンバン　タラク
開山　行基菩薩
宗派　真言宗御室派
本尊　不動明王
真言　ノウマク　サンマンダ　バザラダン　センダ　マカロシャダ　ソワタヤ　ウンタラタ　カンマン

山門など平成の大修理が整う

奈良時代（710～94）の昔、行基菩薩が四国巡錫の時、この近井郷中村の里に錫を留め草庵を建立。併せて陶器製法を教え地方民を修禅教化した旧跡と伝えられる。天正年間（1573～92）長宗我部軍の四国征伐の折、その威に従い讃岐萩原寺の末寺となるが、享和の年、良雅僧正が当山に晋山するを機に、京都嵯峨御所大覚寺の直末となり、天保十二年「大覚寺塔頭常住金剛院室永兼帯眼寿院」と公認され「院家」の公称を許された。

西国観音霊場三十三体の観音像などが祀られている不動堂

眼寿院　御宝印

アクセス

住所　愛媛県四国中央市土居町中村640
電話　TEL0896・74・2432
駐車場から境内まで徒歩1分
交通　JR予讃線伊予土居駅より約1キロ
26番仙龍寺まで約30キロ

開運不動

四国三十六不動霊場　第二十六番

金光山《きんこうざん》　遍照院《へんじょういん》

仙《せん》龍《りゅう》寺《じ》

童子　金剛護童子　こんごうごどうじ
真言　オン　ダキニ　エイ　キリク　ソワカ
開山　法道仙人
宗派　真言宗大覚寺派
本尊　弘法大師
真言　南無大師遍照金剛

深山幽谷の霊山、紅葉の名所

嵯峨天皇の弘仁六年（815）、弘法大師が四十二歳の時、不思議な霊力に導かれ当山を訪れ、山の神々を祀る法道仙人からこの地を譲り受けた。大師は、村人から山に棲む龍の神様と信仰されていた瀧沢大権現と開運不動尊を金剛窟に勧請。そして山の金剛窟に籠り、二十一日間の護摩修業をされ、自らの姿を彫刻され本尊とし、岩の奥深くに不動明王と鎮守瀧沢大権現を祀られた。それ以降当山は「龍の棲む霊山　仙龍寺」として、弘法大師より受け継がれる「護摩祈祷」が厳かに修行される。

「開運厄除」「虫除五穀豊穰」のお寺として、多くの信者から慕われる

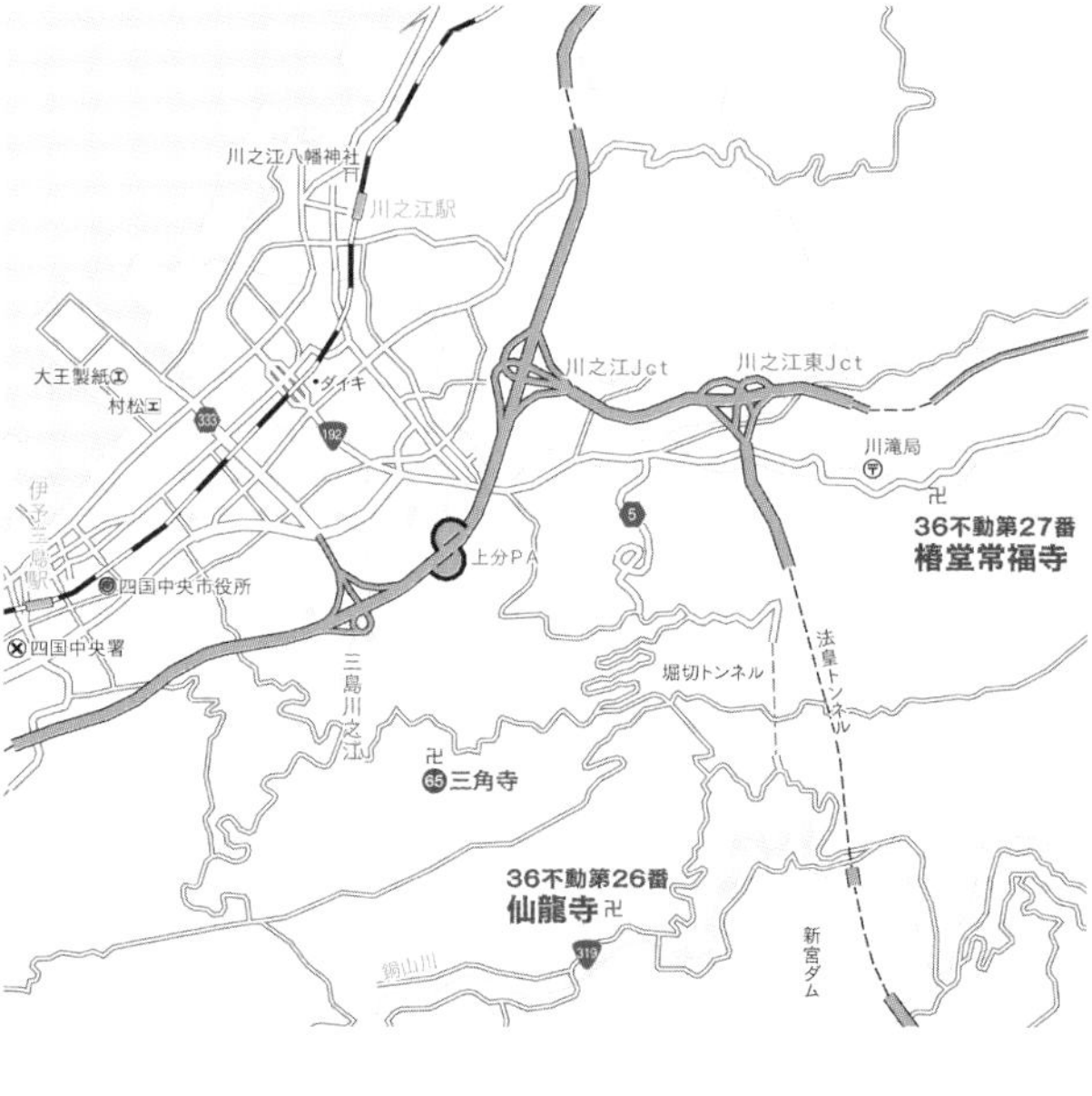

仙龍寺　御宝印

アクセス

住所　愛媛県四国中央市新宮町馬立1200
電話　TEL0896・72・2033
駐車場から境内まで徒歩3分
交通　JR予讃線川之江駅より約16キロ
37番椿堂まで約13キロ

火伏不動

四国三十六不動霊場　第二十七番

邦治山《ほうちざん》　不動院《ふどういん》

常福寺《じょうふくじ》

童子　虚空護童子　こくうごどうじ
真言　オン　メイガ　シャニ　ヘンバラ　ウン　ソワカ
開山　邦治居士
宗派　高野山真言宗
本尊　延命地蔵菩薩　大聖不動明王
真言　オン　カカカビ　サンマエイ　ソワカ
ノウマク　サンマンダ　バザラダン　センダ
マカロシャダ　ソワタヤ　ウンタラタ　カンマン

身代り大師に触って病気平癒

平安時代初期の大同二年（８０７年）、邦治居士が地蔵菩薩を祀り当地に庵を結ぶ。弘仁六年（８１５）四国巡錫中の弘法大師が、この地で流行っていた熱病を、錫杖と共に邪気を地中に封じ込めた。その杖から椿が芽を出し、大木と育ち「椿堂」と呼ばれるようになった。

江戸時代中期の宝暦十一年（１７６１）近くにあった常福寺が全焼。このため、常福寺を現在地に移し常福寺椿堂とした。本堂は昭和五十九年、大師堂は平成17年に再建された。

不動明王は火伏せ不動とも呼ばれ、諸厄降伏、長寿健康にもご利益がある

常福寺　御宝印

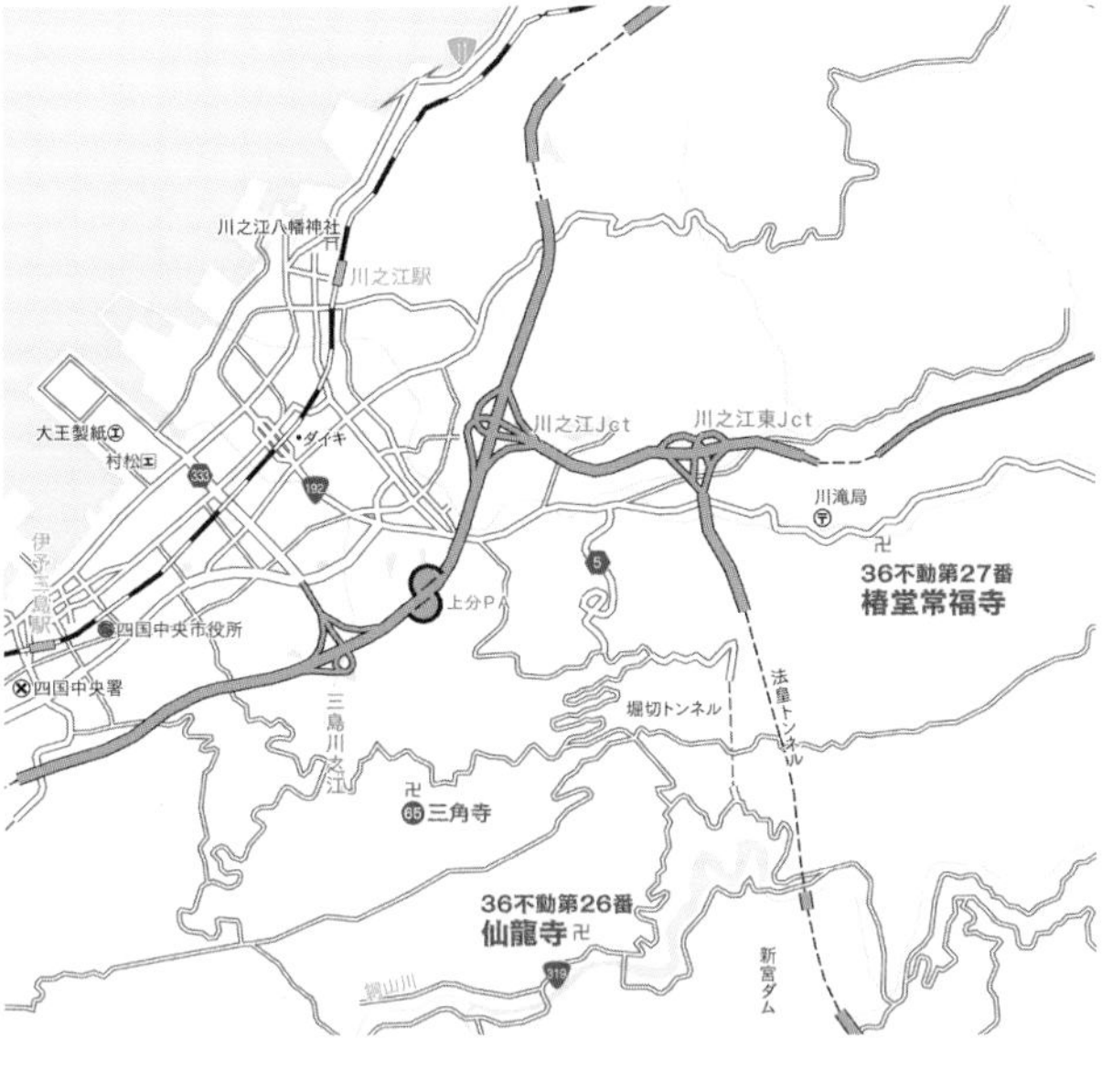

アクセス

住所　愛媛県四国中央市川滝町椿堂
電話　TEL0896・56・4523
駐車場から境内まで徒歩1分
交通　予讃線川之江駅より約8キロ
28番萩原寺まで約7キロ

一願不動

萩《はぎ》原《わら》寺《じ》

四国三十六不動霊場　第二十八番

巨鼇山《きょごうざん》　地蔵院《じぞういん》

童子　虚空蔵童子　こくうぞうどうじ
真言　オン　ソンヤバ　ソンヤバ　ソワカ
開山　弘法大師
宗派　真言宗大覚寺派
本尊　伽羅陀山火伏地蔵菩薩
真言　オン　カカカビ　サンマエイ　ソソカ

可憐な花が咲き誇る萩の名所

平城帝の大同二年(807)、弘法大師の創建で朱雀天皇勅願所であり、後に室町時代の守護大名・細川勝元公の祈願所にもなる。往古には伊予・阿波・讃岐に多数の末寺を有し、六法憲深方一流の本山としての法灯が伝わる。

弁財天は仏説如意陀羅尼経に無量劫より以来、大慈大悲を修習して一切衆生のために大良福田となると、慈悲福徳学芸才能の女仏女神として広く思慕敬愛される。平成三年に勧請された泰平大黒は、天下泰平・万民豊楽を祈り七福即生、五穀豊穣、財宝招福などを司る地祇神。

不動明王は弘法大師ご自作、宝物館には急就匠などの寺宝を多数保存

萩原寺　御宝印

アクセス

住所　香川県観音寺市大野原町萩原2742
電話　TEL0875・54・2066
駐車場から境内まで徒歩2分
交通　JR予讃線観音寺駅より約8キロ
29番本山寺まで約10キロ

導不動

本《も》山《やま》寺《じ》

四国三十六不動霊場 第二十九番

七宝山《しっぽうざん》 持宝院《じほういん》

童子　宝蔵護童子　ほうぞうごどうじ
真言　オン　マカ　キャラバ　ソワカ
開山　弘法大師
宗派　高野山真言宗
本尊　馬頭観世音菩薩
真言　オン　アミリト　ドハンバ　ウン　パッタ　ソワカ

鎌倉時代の折衷様式の本堂（国宝）

大同二年（807）弘法大師の開基で、往時は七堂伽藍を構える四国有数の大寺院だった。大師が入唐（804〜6）の折、師の恵果和尚より授かった付属の七宝をこの峰に納められた後、平城天皇（806〜9）の勅願所となり鎮護国家の為の造立であるとも伝えている。

本堂は、正安二年（1300）に再建された寄棟造り、本瓦葺きの重厚な建物。奈良風と鎌倉時代の折衷様式の傑作とされ、国宝に指定されている。

和様・唐様および天竺様の手法を取り入れた室町時代中期建立の八脚門（国重要文化財）

本山寺　御宝印

アクセス

住所　香川県三豊市豊中町本山甲1445
電話　TEL 0875・62・2007
　　　駐車場から境内まで徒歩すぐ
交通　JR予讃線本山駅より約1.2キロ
　　　30番妙音寺まで約1.5キロ

夢不動

四国三十六不動霊場　第三十番

妙音寺《みょうおんじ》

七宝山《しっぽうざん》　宝積院《ほうしゃくいん》

童子　吉祥妙童子《きちじょうみょうどうじ》
真言　オン　ビダマヤ　ソワカ
開山　不詳
宗派　真言宗大覚寺派
本尊　阿弥陀如来
真言　オン　アミリタ　テイセイ　カラウン

讃岐国最古と伝えられる寺院

飛鳥時代の天武天皇白鳳五年（665）の創建。平安時代初期の弘仁年間（810〜24）嵯峨天皇の勅願所となる。戦国時代に入り天正二年（1574）、長宗我部元親軍の侵攻により寺院は荒廃。その後、江戸時代中期の正徳年間（1711〜16）旭応阿闍梨によって再興。その後、寛政年間（1789〜1801）に清雅恵洞和尚が伽藍を整備。当寺院の不動明王（霊験不動尊）は、祈念すると夢のお告げがあると伝わり、別名「夢不動」ともいう。

檜の寄木造、漆箔の木造阿弥陀如来坐像（平安時代作・国重文）を祀る本堂

妙音寺　御宝印

アクセス

住所　香川県三豊市豊中町上高野1988
電話　TEL0875・62・2605
駐車場から境内まで徒歩1分
交通　JR予讃線本山駅より約2キロ
31番不動坊まで約15キロ

除障不動

不《ふ》動《どう》坊《ぼう》

四国三十六不動霊場　第三十一番

御盥山《おたらいやま》

童子　戒光慧童子　かいこうえどうじ
真言　オン　サラテイ　サラテイ　ソワカ
開山　智証大師
宗派　真言宗醍醐派
本尊　不動明王
真言　ノウマク　サンマンダ　バザラダン　センダ　マカロシャダ　ソワタヤ　ウンタラタ　カンマン

大師伝説にある屏風浦奥之院

当山は、弘法大師産屋として開け、大師の産湯に用いられたとされる産盥が安置されており、「産盥堂」と親しまれる。瀬戸内海に沿う海岸と丘陵からなる景勝地で、その丘陵を御盥山といい、まんだら園として開放している。

奥之院御盥山まんだら園に奉安されている除障明王は、智証大師作と伝えられる木像で、身の丈96センチ。古来から、奇病、難病、持病などに霊験が多く、縁のおそい人に良縁を授ける「悪因縁断ち不動」と呼ばれる。

讃岐十二支卯歳守本尊文殊霊場としても知られる文殊堂

不動坊　御宝印

アクセス

住所　香川県仲多度郡多度津町西白方997
電話　TEL0877・33・3333
駐車場から境内まで徒歩5分
交通　JR予讃線開眼寺駅より300メートル
32番天福寺まで約40キロ(高速経由)

岡不動

四国三十六不動霊場　第三十二番

天《てん》福《ぷく》寺《じ》

美應山《びおうざん》　法輪院《ほうりんいん》

童子　妙空蔵童子　みょうくうぞうどうじ
真言　オン　コウナン　トクジツ　ソワカ
開山　行基菩薩
宗派　真言宗御室派
本尊　薬師如来
真言　オン　コロコロ　センダリ　マトウギ　ソワカ

身代り不動尊と呼ばれる本尊

天平年中(729～66)に行基菩薩が諸国行脚の途中この地に来られ、仏法相応の霊地であると感得され、一堂を建立。薬師如来を刻み安置し、美應山法輪院清性寺としたのが始まり。その後、延暦年中(782～805)に弘法大師がこの寺に来遊され、真言宗の道場とされた。そして、これを信仰された四条天皇は国司橘の公忠に命じて、清性寺を天福寺と改号。伊勢物語(後鳥羽院)、弥陀六字名号(弘法大師)、薬師如来立像(行基菩薩)などの宝物が保管されている。

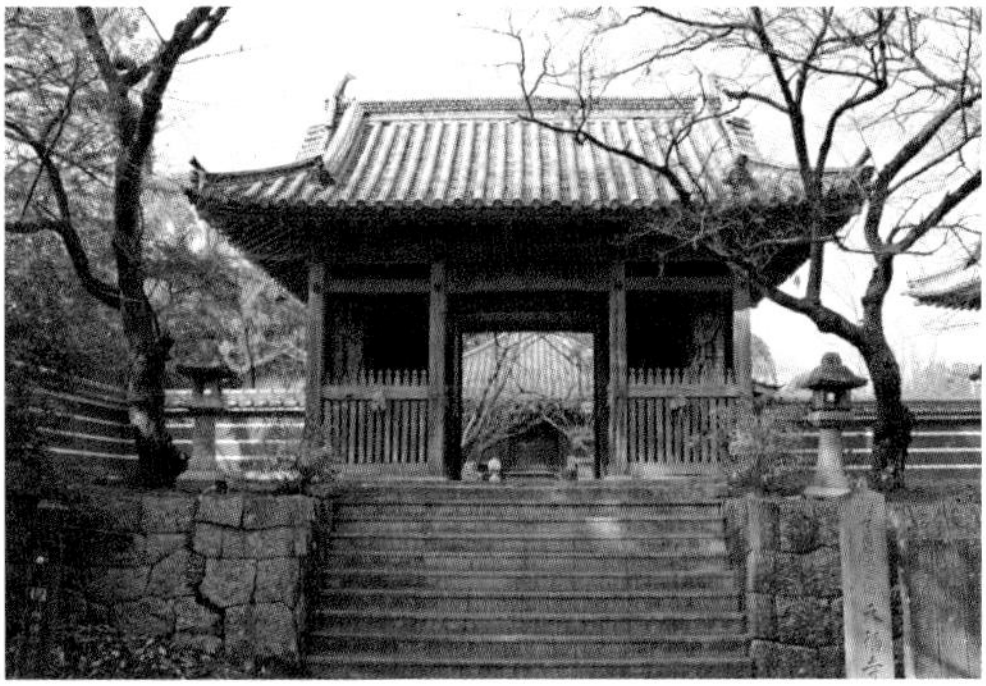

厄除招福女坂33段、男坂42段、還暦長寿の薬師坂61段を上り山門へ

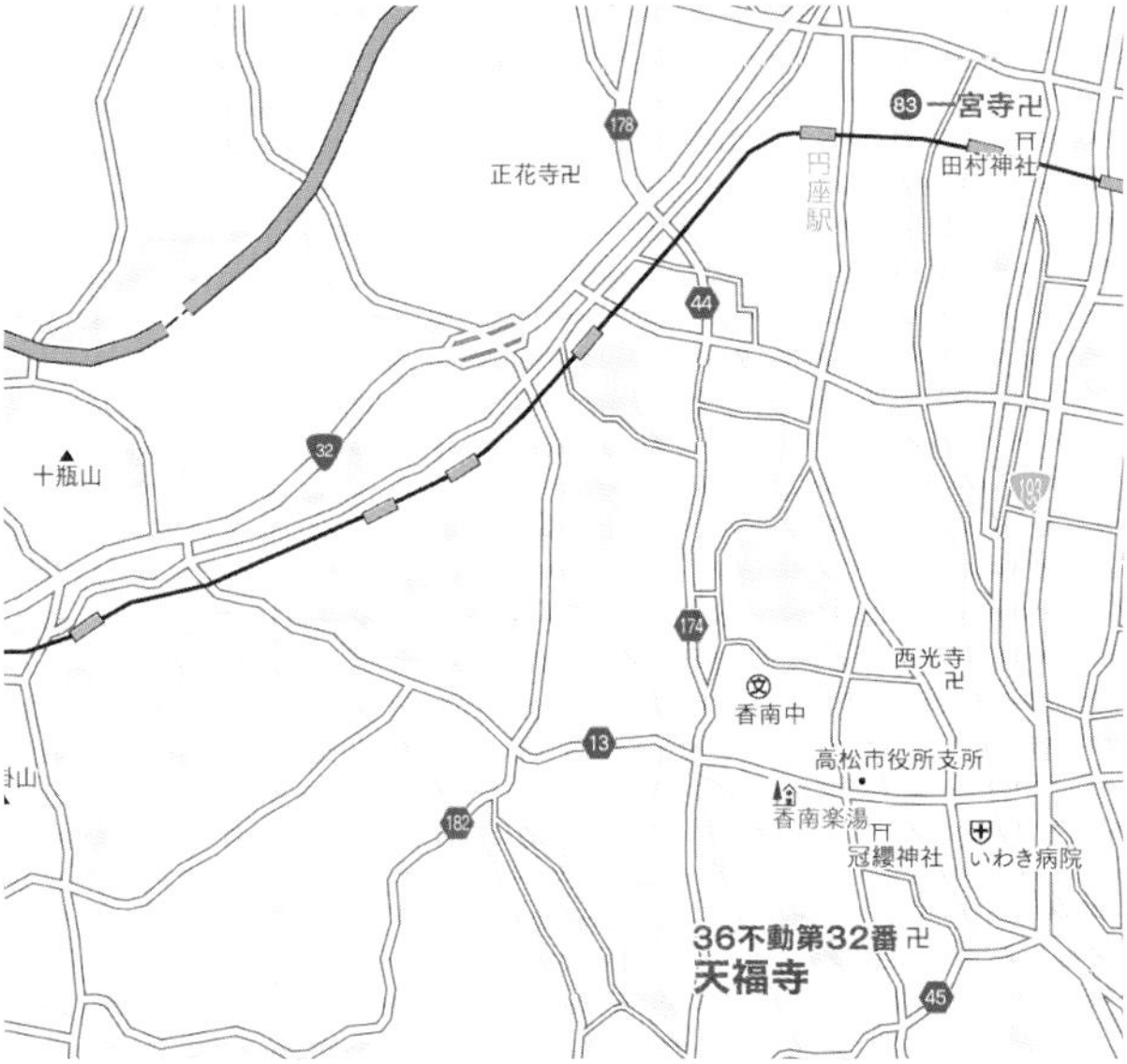

天福寺　御宝印

アクセス

住所　香川県高松市香南町岡1077
電話　TEL087・879・2243
駐車場から境内まで徒歩8分
交通　高松琴平電鉄琴平線岡本駅より約7.5キロ
33番浄土寺まで約16キロ

雷不動

浄《じょう》土《ど》寺《じ》

四国三十六不動霊場　第三十三番

高木山《たかぎさん》　十楽院《じゅうらくいん》

童子　普香王童子　ふこうおうどうじ
真言　オン　アイ　ビシニヤ　ハツタ　ハツタ　ソワカ
開山　明海上人
宗派　真言宗善通寺派
本尊　阿弥陀如来
真言　オン　アミリタ　テイセイ　カラウン

火急に降り注ぐ災難を除く

承平六年（937）九月、現在地の東北に明海上人が和爾賀波神社の別当として建立。駐車場横から境内へ入ると右に精悍な顔つきの8mの不動明王が不動堂の上に立っている。雷不動尊とも称され、雨をもたらし、落雷除け等の霊力の他に、衆生に落雷の如く襲いかかる厄難を除く仏恩を内蔵するという。一階仏殿の左右壁面には、小さな雷不動明王が多数並び荘厳な雰囲気が漂う。本堂の阿弥陀三尊像は鎌倉時代快慶の作といわれ、境内には稚児大師像と修行大師像、地蔵菩薩像が並ぶ。

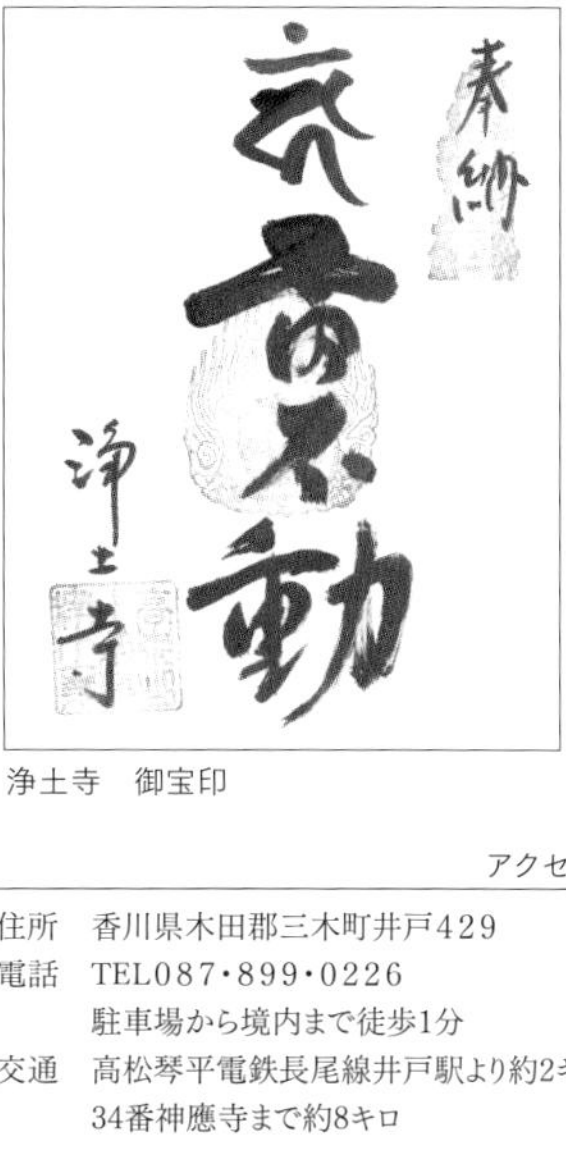

浄土寺　御宝印

アクセス

住所　香川県木田郡三木町井戸429
電話　TEL087・899・0226
駐車場から境内まで徒歩1分
交通　高松琴平電鉄長尾線井戸駅より約2キロ
34番神應寺まで約8キロ

一事不動

繁昌院《はんじょういん》

四国三十六不動霊場　第三十四番

東流山《とうりゅうざん》 神應寺《しんおうじ》

童子　善爾師童子　ぜんにしどうじ
真言　オン　ハンメイ　バザラヤ　キシヤウン
開山　左近将監入道證雲
宗派　真言宗善通寺派
本尊　不動明王
真言　ノウマク　サンマンダ　バザラダン　センダ　マカロシャダ　ソワタヤ　ウンタラタ　カンマン

馬にまたがる石仏、馬鳴菩薩

寛永五年（1628）の創建、本尊の不動明王は「一事不動」とも呼ばれ、方位厄難除け、学業向上、病気平癒等に霊験あらたかと伝わる。当地の城主・安富公の守り本尊として、また近郷の人々からも信仰を集めていた。日本一体石仏と紹介されている馬鳴（めみょう）菩薩が境内にある。雲上を緩歩する馬鳴菩薩は、養蚕織物の神として祀られ、衆生に衣服を与える菩薩として女性の願いを叶え、良縁福寿にご利益があるという。

本堂の内陣天井には「一事不動」と扁額がかかり、植物の絵が描かれている

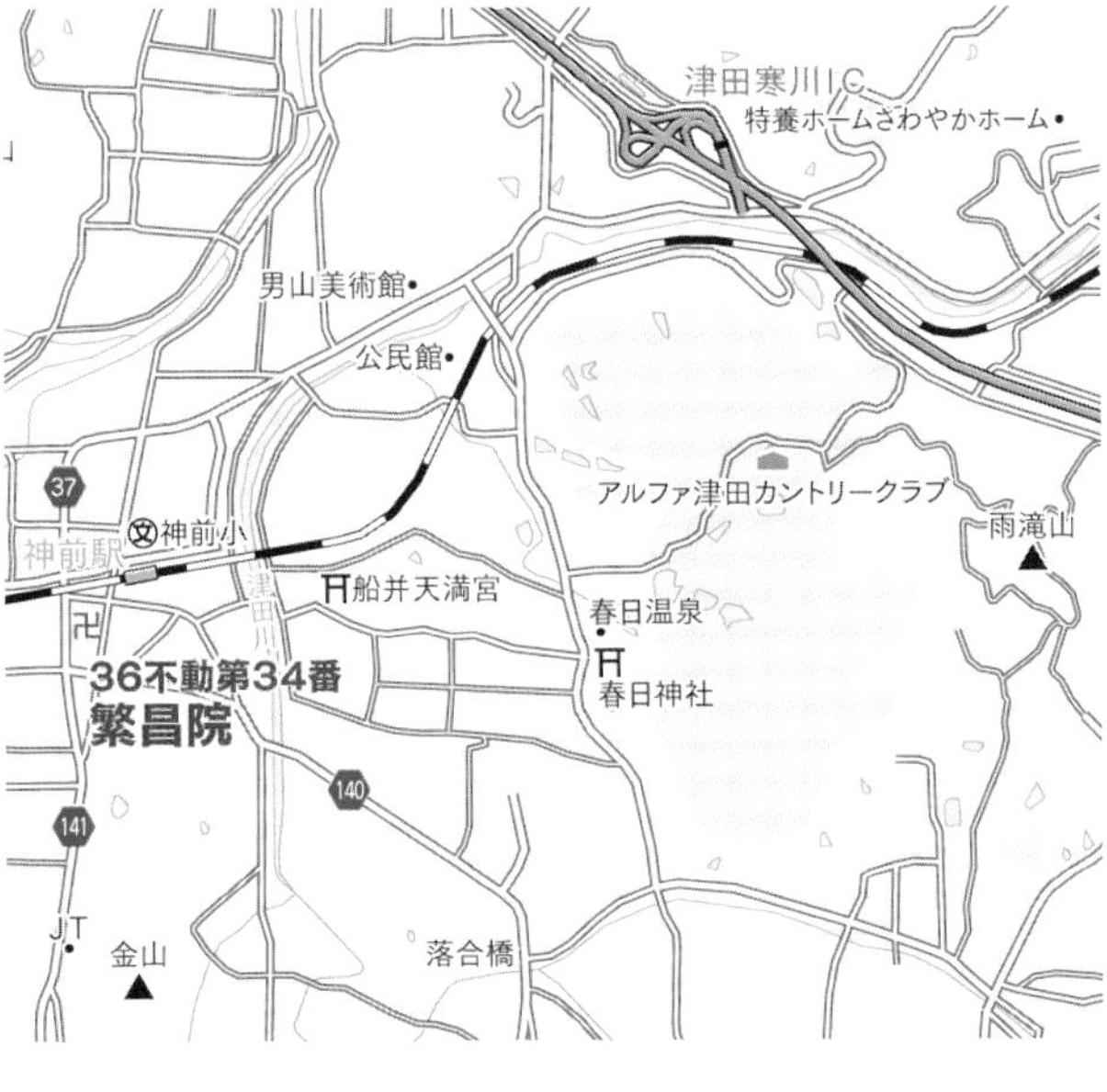

繁盛院　御宝印

アクセス

住所　香川県さぬき市寒川町神前1722-1
電話　TEL0879・43・3825
駐車場は境内にある 大型不可
交通　JR高徳線神前駅より約0.2キロ
35番不動明王院まで約25キロ

厄除不動

四国三十六不動霊場　第三十五番

西寶山《さいほうざん》

厄除不動明王院《やくよけふどうみょうおういん》

童子　波利迦童子　はりかどうじ
真言　オン　ケン　マニマニ　ソワカ
開山　亀谷宥英大僧正
宗派　単立真言宗
本尊　波切不動明王
真言　ノウマク　サンマンダ　バザラダン　センダ　マカロシャダ　ソワタヤ　ウンタラタ　カンマン

紫雲丸の犠牲者供養の寺

昭和三十年五月十一日、濃い霧に包まれた備讃瀬戸で、修学旅行生を乗せた「紫雲丸」が衝突し沈没。百六十八人もの犠牲者がでた。その供養にと当院主と同志が昭和三十三年に「西寶山厄除不動明王院」を創建。岩肌を背に高さ8メートルの波切不動尊と呼ばれる四国一の立像が立ち、体内には犠牲者の霊を弔う般若心経を納めている。朝、昼、夜合わせて撞かれる二十四の鐘は、今も航海の安全を祈ると共に、人々の魂を慰めている。

厄なんを　はらいて永久に西宝の　峰にかがやく　不動明王

厄除不動明王院　御宝印

アクセス

住所　香川県高松市西宝町二丁目844-42
電話　TEL087・861・5136
駐車場から境内まで石段を約100メートル
交通　JR高徳線栗林公園北口駅より約1.5キロ
36番聖代寺まで約10キロ

厄除不動

四国三十六不動霊場　第三十六番

成田山《なりたさん》

聖代寺《しょうだいじ》

童子　烏婆計童子　うばけいどうじ
真言　オン　タラマヤ　キリク　ソワカ
開山　僧西行
宗派　真言宗善通寺派
本尊　身代り厄除け不動尊
真言　ノウマク　サンマンダ　バザラダン　センダ　マカロシャダ　ソワタヤ　ウンタラタ　カンマン

四国三十六不動霊場結願所

僧西行（俗名佐藤義清）は、その晩年かつて思いをはせた旧主家徳大寺家の姫君の忘形見、崇徳上皇の菩提を弔うため当地に一宇を建立。後年、寿永4年（1185）源平の合戦に敗れた平氏の臣が、当山において合戦に散った将兵の霊を慰めたと伝わる。当山不動明王は、弘法大師敬刻の尊像を奉祀する大本山成田山新勝寺の本尊の分身像で、古来より霊験あらたかな「身代り厄除け不動尊」として、県内外の不動信者から崇拝されている。

毎年、百本余りのソメイヨシノが境内を華やかに彩り参道の桃畑も見事

聖代寺　御宝印

アクセス

住所　香川県高松市屋島東町1332
電話　TEL087・841・9287
駐車場から境内まで厄除け坂を42段
交通　琴電八栗駅より約1.5キロ

四国三十六不動霊場 巡拝・授与品・先達規則

◆巡拝・授与品

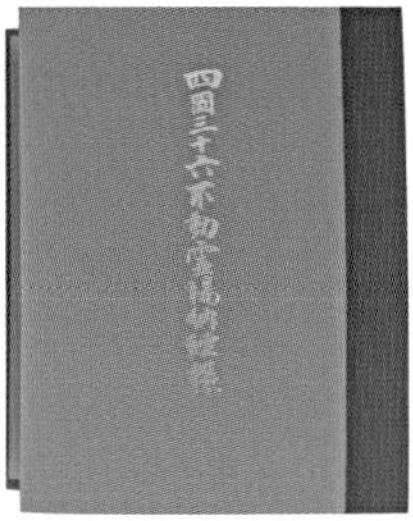

●納経帳　1,500円

●納経軸　20,000円

●輪袈裟
2,500円

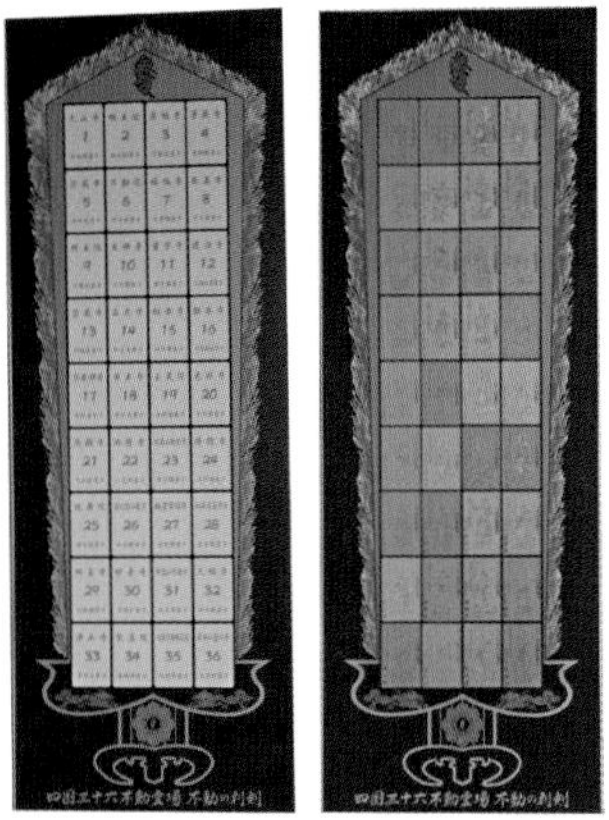

●不動の利剣台紙　2,000円
〈完成品〉

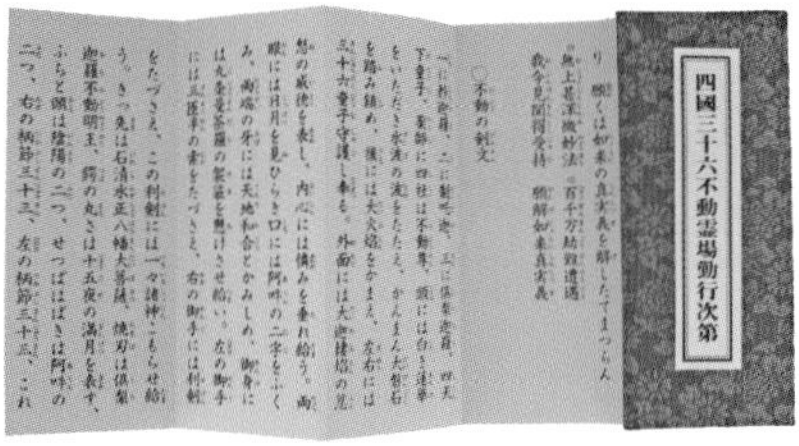

●勤行次第　1,500円

●公認不動
先達バッヂ

●童子金カード
300円

●不動胸飾珠 各300円　親珠 500円
各珠は四国三十六不動霊場・各札所で、親珠は事務局で求めて胸飾り（作成料別）に仕上げる。

●不動成就セット（親珠）

大威徳明王（白珠・白オニキス）▶
金剛夜叉明王（黒珠・黒オニキス）▶
降三世明王（青珠・ラピス）▶
軍荼利明王（赤珠・めのう）▶
◀弘法大師（透明珠・水晶）
◀不動明王（黄珠・黄水晶）

●不動念珠守 交差タイプ

この「四国三十六不動念珠守」は、弘法大師と不動明王、軍荼利明王、降三世明王、金剛夜叉明王、大威徳明王の四大明王、三十六童子がお守りくださる腕輪型のお守り。三十六童子の珠には、三十六ヵ寺の札所番号・寺号・梵字が細密に刻まれている。

四国三十六不動霊場各札所で珠（300円）を集めて、事務局で成就セットの親珠（金6,000円・銀3,000円・銅1,500円）を購入し「不動念珠守」として仕上げる。

●納　札

白　一般参拝（五十枚綴り　１００円）

黄　10回以上（五十枚綴り　１５０円）

青　20回以上（五十枚綴り　１５０円）

赤　36回以上（五十枚綴り　１５０円）

銀　72回以上（五十枚綴り　５００円）

金　１０８回以上（五十枚綴り　１０００円）

取扱い／各寺院

取扱い／事務局寺院

満願記念授与品

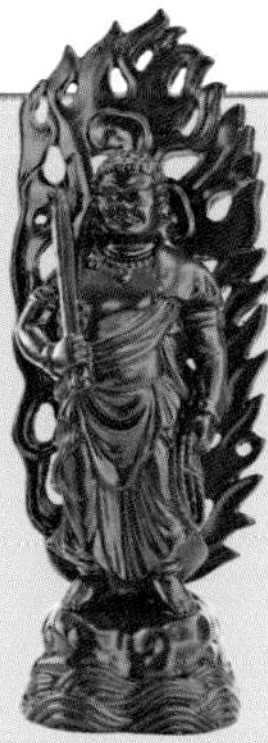

●10回巡拝満願記念品
寿山石不動明王尊像

●20回巡拝満願記念品
四国三十六童子御印譜額装

●赤納経帳

●36回巡拝満願記念品

◆四国三十六不動霊場会先達規則（抜粋）

・先達は、不動明王を信仰し、弘法大師の教理三信条五項目並びに同行二人の精神を修得し、且つ信望厚き者とする。

・公認不動先達は、信徒を獲得して、四国三十六不動霊場を三回以上巡拝先導して興隆に寄与せし者にて、霊場寺院住職の推薦により資格を得る。

・公認先達の称号は、「不動先達」、「不動権中先達」、「不動中先達」、「不動権大先達」、「不動大先達」、「特任不動大先達」とする。特任不動大先達は、不動大先達の中で特に信望人徳厚く、四国三十六不動霊場に対し格別なる貢献をなしたる者を、霊場寺院役員会及び寺院総会の審査を経て授く。

・「不動先達」以上は、昇補の資格条件として、前称号補任後、三ヵ年及び五回以上、多数の信徒を先導して、不動信仰に実意功績顕著なる者で、且つ不動の火祭り大祭に三回以上参加し祈念帳等の顕著な協力があり、所属霊場寺院住職の推薦を経て、霊場会役員会及び霊場会総会にて、昇補の決議を得た者に与う。

・公認不動先達は、年一回の霊場会の招集に参加し、研修と親睦を計り、奉納奉仕の菩薩行の実践に努める。

・補任と昇補

・公認不動先達の補任は、各霊場寺院より、推薦者を選任して霊場会会長に提出する。

・霊場会会長は、霊場役員会を開き、審議賛否決定して、推薦者に通達する。

・各霊場寺院より、不動大先達以上の推薦者ありし時は、霊場会役員の議決を経て、霊場寺院総会にて審議し、霊場会会長これを決定す。

・待遇

袈裟（実費）、錫杖（実費）

袈裟の色

不動先達		白
不動権中先達	不動中先達	黄
不動権大先達	不動大先達	紫
特任不動大先達		赤

（平成二十四年十一月二十二日改正）

四国巡拝の宿　ホテル・旅館・宿坊

◆高知の宿

【別格4番鯖大師本坊～5番大善寺の宿】

◉ホテル明星
TEL0887・22・3232　室戸市室戸岬町3883

◉室戸岬最御崎寺へんろセンター
TEL0887・23・0024　室戸市室戸岬町4058-1

◉高知黒潮ホテル
TEL0887・56・5800　香南市野市町東野1630

【高知市内の宿】

◉セリーズ
TEL088・866・7000　高知市高須砂地155

◉オリエントホテル高知
TEL088・822・6565　高知市升形5-37

◉国民宿舎　桂浜荘
TEL088・841・2201　高知市浦戸城山830-25

◉民宿　高知屋
TEL088・841・3074　高知市長浜658

【別格5番大善寺～6番龍光院の宿】

◉土佐龍温泉　三陽荘
TEL088・856・0001　土佐市宇佐町竜504-1

◉鰹乃国の湯宿　黒潮本陣
TEL0889・52・3500　中土佐町久礼8009-11

◉四国八十八ヶ所　第37番岩本寺　宿坊
TEL0880・22・0376　四万十町茂串町3-13

◉佐賀温泉　こぶしのさと
TEL0880・55・7011　幡多郡黒潮町拳ノ川2161

【四万十市の宿】

◉なごみ宿　安住庵
TEL0880・35・3184　四万十市中村1815

◉四万十の宿
TEL0880・33・1600　四万十市下田3370

【宿毛市の宿】

◉宿毛リゾート　椰子の湯
TEL0880・65・8185　宿毛市大島17-27

◉米屋旅館
TEL0880・63・3141　宿毛市中央5-4-7

◆徳島の宿

【別格1番大山寺～2番童学寺の宿】

◉四国八十八ヶ所　第6番安楽寺　宿坊
TEL088・694・2046　上板町引野字寺ノ西北8

◉ビジネスホテル八幡
TEL0883・36・1688　市場町大野島字新ノ池8-1

◉セントラルホテル鴨島
TEL0883・24・8989　鴨島町鴨島471-2

【徳島市内の宿】

◉昴《すばる》宿よしの
TEL088・654・2255　徳島市一番町3丁目18

◉ホテルたいよう農園
TEL088・655・5151　徳島市昭和町1丁目15

◉ホテルサンルート徳島
TEL088・653・8111　徳島市元町1丁目5-1

◉ホテル千秋閣
TEL088・622・9121　徳島市幸町3丁目55

◉スマイルホテル徳島
TEL088・626・0889　徳島市元町1-24

【別格3番慈眼寺～4番鯖大師本坊の宿】

◉ホテル四季の里　神山温泉
TEL088・676・1117　神山町神領本上角80-2

◉四国八十八ヶ所　第19番立江寺　宿坊
TEL0885・37・1019　小松島市立江町字若松13

◉月ヶ谷温泉　月の宿
TEL0885・46・0203　上勝町福原平間71-1

【美波町の宿】

◉ホテル白い灯台
TEL0884・77・1170　美波町日和佐浦455

◉ふなつき
TEL0884・77・0168　美波町奥河内字寺前165

【海陽町の宿】

◉鯖大師へんろ会館(別格4番鯖大師本坊)
TEL0884・73・0743　海陽町浅川字中相15

◉ふれあいの宿　遊遊NASA
TEL0884・73・0300　海陽町奥浦字鹿ヶ谷58-3

四国巡拝の宿　ホテル・旅館・宿坊

◆香川の宿

【別格14番椿堂～19番香西寺の宿】

◉かんぽの宿　観音寺
TEL0875・27・6161　観音寺市池之尻町1101-4

◉総本山善通寺　宿坊　いろは会館
TEL0877・62・0111　善通寺市善通寺町3-3-1

◉ことひら温泉　琴参閣
TEL0877・75・1000　仲多度郡琴平町685-11

◉瀬戸大橋　四国健康村
TEL0877・49・2600　宇多津町浜一番丁6-10

◉坂出グランドホテル
TEL0877・44・1000　坂出市西大浜北1-2-33

【高松市内の宿】

◉高松センチュリーホテル
TEL087・851・0558　高松市錦町1-4-19

◉夕凪の湯　HOTEL花樹海
TEL087・861・5580　高松市西宝町3-5-10

◉ニューグランデみまつ
TEL087・851・3507　高松市通町2-3

◉高松国際ホテル
TEL087・831・1511　高松市木太町2191-1

◉ザ・セレクトン高松
TEL087・821・2222　高松市城東町1-9-5

◉高松東急REIホテル
TEL087・821・0109　高松市兵庫町9-9

◉ホテルルートイン高松屋島
TEL050・5847・7445　高松市春日町1653-2

【別格20番大瀧寺近くの塩江温泉郷の宿】

◉さぬき温泉
TEL087・893・0300　塩江町安原上東2065-1

◉新樺川観光ホテル
TEL087・893・1200　塩江町安原上東1-6

◉ホテルセカンドステージ
TEL087・893・1100　塩江町上西乙1118-8

◉ハイパーリゾート　ヴィラ塩江
TEL087-893-1111 塩江町上西乙688-1

◆愛媛の宿

【別格6番龍光院～8番十夜ヶ橋近くの宿】

◉ホテルサンパール
TEL0895・72・3131　南宇和郡愛南町御荘平城681

◉宇和島オリエンタルホテル
TEL0895・23・2828　宇和島市鶴島町6-10

◉旅館富士廼家
TEL0894・62・0050　西予市宇和町卯之町3-318

◉ときわ旅館
TEL0893・24・3634　大洲市中村629

◉オオズプラザホテル
TEL0893・25・1100　大洲市東大洲1341

【別格9番文殊院の宿】

◉民宿旅館　長珍屋
TEL089・963・0280　松山市浄瑠璃町119-1

◉ていれぎ館(全室天然温泉)
TEL089・957・8585　伊予郡砥部町拾町92-2

◉たかのこのホテル
TEL089・960・1588　松山市鷹子町737-2

◉旅館　常磐荘
TEL089・931・5520　松山市道後湯月町4-2

◉道後温泉　にぎたつ会館
TEL089・941・3939　松山市道後姫塚118-2

◉松山ユースホステル
TEL089・933・6366　松山市道後姫塚乙22-3

【別格10番興隆寺～13番仙龍寺の宿】

◉休暇村　瀬戸内東予
TEL0898・48・0311　西条市河原津乙7-179

◉四国八十八ヶ所　第58番仙遊寺　宿坊
TEL0898・55・2141　今治市玉川町別所甲483

◉ターミナルホテル東予
TEL0898・76・1818　西条市三津屋南6-29

◉湯宿　湯之谷温泉
TEL0897・55・2135　西条市洲之内甲1193

◉蔦廼家《つたのや》
TEL0896・74・2025　四国中央市土居町土居48

高速バス

東京から

●徳島へ

品川BT⇒浜松町BT⇒渋谷駅⇒徳島駅前 [品川BTから徳島駅前まで約9時間20分]

[お問い合わせ]
京急高速バス　TEL 03-3743-0022

●高知へ

新宿駅西口⇒高知駅BT　[新宿駅西口から高知駅BTまで約11時間5分]

[お問い合わせ]
小田急高速バス　TEL 03-5438-8511

●松山へ

バスタ新宿⇒横浜駅西口⇒松山市駅　[バスタ新宿から松山市駅まで約11時間55分]

[お問い合わせ]
京王高速バス　TE L03-5376-2222

●高松・坂出・丸亀へ

バスタ新宿⇒横浜駅⇒高速志度⇒高松駅高速BT⇒善通寺IC・BT⇒JR丸亀駅　[バスタ新宿から高速志度まで約9時間57分、高松駅高速BTまで約10時間30分、善通寺IC・BT11時間38分、丸亀駅まで約11時間43分]

[お問い合わせ]
京王高速バス　TE L03-5376-2222

名古屋から

●徳島・松山へ

名鉄バスセンター⇒八百屋町(徳島駅近く)⇒松山市駅　[名鉄バスセンターから八百屋町まで約4時間50分、松山市駅まで約7時間55分]

[お問い合わせ]
名鉄高速バス　TEL 052-582-2901

●高知へ

名鉄バスセンター⇒京都駅八条口⇒高知駅BT　[名鉄バスセンターから高知駅BTまで約9時間10分]

[お問い合わせ]
名鉄高速バス　TEL 052-582-2901

●高松・志度・丸亀へ

名鉄バスセンター⇒高速志度⇒高松駅高速BT⇒善通寺IC・BT⇒丸亀駅　[名鉄バスセンターから高速志度まで約6時間21分、高松駅高速BTまで約6時間50分、善通寺IC・BTまで約7時間48分、丸亀駅まで約8時間]

[お問い合わせ]
名鉄高速バス　TEL 052-582-2901

大阪から

●徳島へ

なんば高速BT⇒梅田⇒大阪駅前⇒徳島駅前 [なんば高速BTから徳島駅前まで約3時間]

●高知へ

梅田⇒大阪駅前⇒新大阪⇒宝塚駅⇒一宮BT⇒高知駅BT　[梅田から一宮BTまで約4時間39分、高知駅BTまで約4時間48分]

●松山へ

梅田⇒松山市駅　[梅田・阪急三番街から松山市駅まで約5時間15分]

●高松へ

湊町BT⇒高松駅BT　[湊町BTから高松駅BTまで約3時間23分]

[お問い合わせ]
阪急高速バス　TEL 06-6866-3147

福岡から

●松山・今治へ

天神高速BT⇒博多BT⇒小倉駅前⇒今治駅前⇒松山市駅　[天神高速BTから今治駅前まで約8時間40分、松山市駅まで約10時間15分]

●高松へ

天神高速BT⇒博多BT⇒小倉駅前⇒高松駅BT　[天神高速BTから高松駅BTまで約8時間57分]

[お問い合わせ]
九州高速バス　TEL 092-734-2727

岡山から

●徳島へ

岡山駅西口⇒JR徳島駅前　[徳島駅まで約2時間35分]

●高知へ

岡山駅西口⇒高知駅BT　[高知駅BTまで約2時間25分]

●松山へ

岡山駅西口⇒JR松山駅　[松山駅まで約3時間15分]

[お問い合わせ]
両備高速バス　TEL 086-232-6688

四国へのアクセス

JR鉄道

東京・名古屋から

- ●**徳島へ** 東京・名古屋駅から「のぞみ」、岡山乗り換え「うずしお」、東京駅から約5時間45分、名古屋駅から約3時間51分
- ●**高知へ** 東京・名古屋駅から「のぞみ」、岡山乗り換え「南風」、東京駅から約6時間16分、名古屋駅から約4時間28分
- ●**松山へ** 東京・名古屋駅から「のぞみ」、岡山乗り換え「しおかぜ」、東京駅から約6時間22分、名古屋駅から約4時間40分
- ●**高松へ** 東京・名古屋駅から「のぞみ」、岡山駅乗り換え「マリンライナー」、東京から約4時間26分、名古屋から約2時間46分

[お問い合わせ]
JR東日本案内所　TEL 050-2016-1600
JR東海テレフォンセンター　TEL 050-3772-3910

新大阪から

- ●**徳島へ** 新大阪駅から「さくら」、岡山乗り換え「うずしお」、徳島駅まで約2時間56分
- ●**高知へ** 新大阪駅から「のぞみ」、岡山乗り換え「南風」、高知駅まで約3時間24分
- ●**松山へ** 新大阪駅から「のぞみ」、岡山乗り換え「しおかぜ」、松山駅まで約3時間46分
- ●**高松へ** 新大阪駅から「のぞみ」、岡山乗り換え「マリンライナー」、高松駅まで約2時間

[お問い合わせ]
JR西日本お客様センター　TEL 0570-00-2486

岡山から

- ●**徳島へ** 岡山駅から「うずしお」で徳島駅まで約2時間
- ●**高知へ** 岡山駅から「南風」で高知駅まで約2時間38分
- ●**松山へ** 岡山駅から「しおかぜ」で松山駅まで約2時間45分
- ●**高松へ** 岡山駅から「マリンライナー」で高松駅まで約53分

[お問い合わせ]
JR西日本岡山駅案内所　TEL 086-225-9223

飛行機

羽田から

- ●**徳島へ** 約1時間20分。JAL7便・ANA4便
- ●**高知へ** 約1時間30分。JAL5便・ANA5便
- ●**松山へ** 約1時間35分。JAL6便・ANA6便
- ●**高松へ** 約1時間25分。JAL7便・ANA6便

[お問い合わせ]
羽田空港総合案内　TEL03-5757-8111

名古屋から

- ●**高知へ** 約1時間5分。FDA3便
- ●**松山へ** 約1時間。ANA3便

[お問い合わせ]
中部国際空港総合案内　TEL0569-38-1195

伊丹から

- ●**高知へ** 約45分。ANA6便
- ●**松山へ** 約50分。JAL3便・ANA9便

[お問い合わせ]
大阪国際空港総合案内　TEL06-6856-6781

福岡から

- ●**徳島へ** 約1時間5分。JAL6便
- ●**高知へ** 約50分。JAL2便
- ●**松山へ** 約45分。JAL4便

[お問い合わせ]
福岡空港案内　TEL092-621-6059

●総合案内

全日本空輸(ANA)　TEL0570-029-222
日本航空(JAL)　TEL0570-025-071
フジドリームエアラインズ(FAD)　TEL0570-55-0489

Staff

取材・撮影　石川達司（PLANET）

協　　力　四国別格二十霊場会・四国別格二十霊場寺院
四国三十六不動霊場会・四国三十六不動霊場寺院

四国別格二十霊場　札所めぐりルートガイド　改訂版
～八十八ヶ所と共に巡るお遍路～

2020年 4 月15日　第1版・第1刷発行
2024年12月 5 日　第1版・第4刷発行

著　者　NPO四国路おへんろ倶楽部（えぬぴーおーしこくじおへんろくらぶ）
発行者　株式会社メイツユニバーサルコンテンツ
代表者　大羽孝志
〒102-0093東京都千代田区平河町一丁目1-8
印　刷　株式会社厚徳社

ISBN978-4-7804-2326-6 C2026 Printed in Japan.

ご意見・ご感想はホームページから承っております。
ウェブサイト　https://www.mates-publishing.co.jp/

企画担当：大羽孝志 / 千代寧

※本書は2013年発行の『四国別格二十霊場　札所めぐりルートガイド　～八十八ヵ所と共に巡るお遍路～』を
元に加筆・修正を行っています。